The World's Greatest CEO

史上最強のCEO

ジェームス・スキナー

フローラル出版

経済活動は人間の幸福を生み出すものでなければならない。
お金は単独で求めるべき目標ではない。
サドゥグル（インドの哲学者）

著者からの挨拶

こんにちは。私はジェームス。このようにして、本書を通してあなたにお会いできることを心から嬉しく思います。

私が経営コンサルタント及び会社経営の道に入ってから、今年でちょうど30年が経ちました。その中で、数知れないCEO（最高経営責任者・社長・経営者）、企業のマネジャー、並びに軍や政府省庁のリーダーたちに会ってまいりました。そして、彼らから多くの悩みを打ち明けられました。そのいずれも、頭を悩ますものであり、あなたも経験したことがあるのかもしれません。

・資金繰りが苦しい。私の経営の何が間違っているのでしょうか？

・従業員は、みんなできの悪い奴ばかり。どうしたら彼らに変わってもらえるでしょうか？　あるいは、どうしたらもっと優秀な従業員を採用することができるでしょうか？

・海外からの競合が市場に入ってきて、どこも似たような商品やサービスを売り出しています。あとは価格を引き下げるしかない。でも、もう限界ですよ。

・会社に問題が多すぎて、どこから手をつければいいのかわかりません。優先順位をどのように設定すれば良いのでしょうか？
・職場の人間はやる気がなくて、賃金を引き上げたり、叱咤激励《しったげきれい》をしたり、いろいろなことを試してはいるけれど、イマイチ効果がなくて……
・今期は、初めて赤字決算になりました。ショックです。どうしたら健全経営になり、常に利益を出せる体質にできるでしょうか？
・この激変の時代についていけません。どうしたら、もっとスピードのある経営を実現できるでしょうか？
・社内で信頼関係がなくて、コミュニケーションが滅茶苦茶《めちゃくちゃ》ですよ。どうすればいいのですか？
・社会貢献とか、ミッションとか、そういうこともしたいとは思っていますが、現実はそうはいきません。それよりも目先の緊急課題が多くて……
・毎日の業務に溺《おぼ》れてしまい、反省する時間もないし、新しい戦略を考える暇がありません。
・人手不足に悩んでいます。どうすれば応募者が増えるような魅力的な会社にできるでしょうか？
・現代は、一寸先は闇という感じで、予測が立てられません。どうすれば自分の意思決定に自信がもてるでしょうか？
・経営者として、どのように充実した人生を送ることができるでしょうか？　家庭と会社の両立って、果たしてあり得るのでしょうか?
・ビジネス書を読んだり、セミナーに行ったり、いろいろな考え方は世の中にありますが、いったい何が正しいのでしょうか?

あなたの痛みを感じます。

そして、本書がその悩みを解消し、あなたのより幸せな経営人生、従業員のより充実した仕事の日々、及び顧客と社会のより深い満足に貢献するものになれば、これ以上の喜びはありません。

愛を込めて

ジェームス・スキナー

史上最強のCEO

目次

第1部：序論

第2部：新しい経営環境を見つめる

第3部：あなたの会社の唯一の問題

第4部：現代企業を激変させる4つの原則

原則1：リーダーシップ（信頼を作る）　71

原則2:イノベーション(顧客を満足させる) 101

原則3：利益性（慢性的黒字を確立させる）　131

原則4：目的（世界を変える）　165

第5部：あなたの次のステップ

第6部：愛だよ！

追伸：ジェームスの近くに生きる

第1部

序論

あなたは本書を読むべきだろうか？

『史上最強のＣＥＯ』。このタイトルを見る限り、本書はビジネス書であり、経営についての本であり、またその中でも、最高経営責任者にあたるＣＥＯ・社長・経営者向けに書かれています。しかし、本書はそういう焦点をもちながらも、企業経営に関わるすべての人たちに良い影響を与えることでしょう。

あなたは、経営者、起業家、これから起業をする人、マネジャーや管理職として会社の業績を改善させる責任をもっている、またいつかはそういうポストに就きたいと思っています。そうであれば、本書を読むことを心からお勧めしたい。

本書を読み、その教えを実行することにより、あなたは会社をより大きな成功へと導き、より良い職場を築き、より多くの顧客を喜ばせ、より大きな利益を計上し、そして、そのすべてを通して、より良い世界を構築していくに違いありません。

ビジネスとは、全世界のニーズを満たすという作業

そもそも、ビジネスとは何でしょうか？　まず、この話からスタートしましょう。ビジネスとは、全世界のすべての人のすべてのニーズを満たすプロセスなのです。そして、その観点からすれば、企業経営とは、偉業であり、社会生活・人間の幸福にとって絶対に欠かすことができない大切なものと言えます。

よくよく考えてごらん。政府は何もできません。

政府は道路を作ろうと思って、作ることができるでしょうか？　絶対にできないのです。

政府は道路を建設しようと思ったら、まずは経営者である私たちのところにやって来て、その道路を建設するための資金を税金などの形で徴収しなければなりません。

しかし、その資金を入手したところで、政府は道路を作ることができるでしょうか？　やはりできないのです。

その資金をもって、経営者である私たちのところにまたやって来て、「道を作ってください」と言うのです。そして、経営者の私たちにお金を渡し、道路の工事をしてもらい、その道路が完成したとき、政治家が有権者の前に登壇し、「道路を作ってあげましたよ！」と威張《いば》るのです。

まったくおかしな話ではないでしょうか？

食べ物があるのは、農園を経営する人がいるからです。住む家があるのは、建設会社をやっている社長がいるからです。服があるのは、衣類の工場を営む経営者がいるからです。教育を受けられるのは、教科書を作成する出版社があるからです。すべてがビジネスの成せる業《わざ》なのです！

そこで、まず経営者であることに誇りをもっていただきたい。これほど崇高《すうこう》で社会にとって必要な仕事はほかにないのだと思います。そして、そうであるからこそ、この仕事を上手にやっていただきたいのです。

会社経営は専門職であり、それなりの知識や技能を必要とするものです。と同時に、アートであり、芸術なのです。あなた自身の味も出さなければなりません。しかし、困ったことに、経営については、学校でほとんど教えてくれないのです。大概の人たちは、16年間（小学校から大学まで）もの教育課程を終えて、たったの一度たりとも、経営についての授業を受けたことがないのではないでしょうか！

本書を通して、その穴を少しばかり埋めていきたい。そうすれば、あなたは自信をもって会社経営に当たることができるでしょうし、また、今までの基準では考えられないほどの業績を上げることができるはずです。そして、それにより、もっと幸せで、みんなのニーズが満たされる世界が出来上がるのです。

利益から偉大さへ

本書のタイトルは、『史上最強のＣＥＯ』。英語では、『The World's Greatest CEO』。英語で「Greatest」とは、「最も偉大な」という意味です。従って、「史上最強のＣＥＯ」とは、「世界で最も偉大な経営者」ということになります。

偉大とは何でしょうか？

利益を出すだけで、偉大と言えるでしょうか？　絶対に言えないはずです。短期的な利益を追求して、会社をダメにする経営者が跡を絶ちません。利益の数字を高めるために、顧客を騙《だま》したり、従業員を裏切ったり、環境を破壊したりする経営者は結局のところ愚者と言うほかありません。あなたは、利益を追求するだけの経営者で終わってはなりません。偉大な経営者にならなければならないのです。心からそう願っています。

偉大な経営者は、世界をより良い場所にします。従業員のためにより良い職場を作ります。顧客に対して、本当に生活を豊かにする商品を届けます。環境を保ちます。そして、時代を超えて喜ばれ続ける会社を遺《のこ》していくのです。

普通はウザい！

本書を書くことになったそもそものきっかけをここで紹介いたしましょう。かねてより、私は「普通」という言葉をウザいと感じてなりません。

「普通は、こうするよね」「普通は、そういうことしないよね」

こうした発言はウザいだけであり、耳障《みみざわ》りなのです！

なぜそんな低い基準で物事を考えるのでしょうか？　なぜ最初から「最強は……」でスタートしないのでしょうか？

よくよく考えてごらん。「普通」は、悲惨ではありませんか？

普通は、ガン・心臓病・脳卒中・糖尿病といった生活習慣病で死にます（80％以上）。普通は、結婚できない、または離婚します（合わせると50％以上）。普通は、年収３００万円台しか稼げません（現在の日本の中央値が３６０万円）。これは、現代社会の平均値であり、悲惨ではないのでしょうか！

そして、普通は、会社が潰《つぶ》れてしまうのです。開業してから2年以内に8割の会社が廃業をすると言われています。そして、時代を超えて生き続ける会社は、たったの2％程度しかないのです。

普通では、話になりません。

ここで、最初の発想転換をあなたに提案したい。「普通は？」の代わりに、「最強は？」、これを尋ねよう！

簡単なことではありますが、この簡単な習慣を身につけるだけで、あなたの人生が一変します。

最強の経営、最強の人生を追求したいと、そう思えるのであれば、私はその道のりにとことん付き合っていきたいと思います。

あなたは、今までどういう基準で生きてきたのでしょうか？　どういう基準で経営してきたのでしょうか？　どういう場面で自分の基準を引き下げて、普通程度で満足してきたのでしょうか？

これは、経営のみならず、人生全般について考えてみていただきたい。

・健康状態、運動、栄養、食事、目覚めの時間、生活習慣などはいかがでしょうか？

・人間関係、家族関係、礼儀作法、言葉遣い、服装などはいかがでしょうか？

・知識、勉強、学問はいかがでしょうか？

・自己イメージはどうでしょうか？

普通になっているでしょうか？　最強になっているでしょうか？

そして、最強の生き方に変えるために、今すぐすべきことは何なのでしょうか？

私は数名の素晴らしい人生の師匠たちに恵まれてきましたが、彼らから教わった最大の教訓は、やはりこの自分の基準を高くするということでした。

人生最初の師匠にあたる氣《き》の名人の藤平光一《とうへいこういち》先生からも、まず小さいことを基準高くするように教わりました。それは、靴の並べ方からスタートしました。道場に入り、靴を脱ぐ。そして、それをキッチリと、出口に向けて揃える。

それだけのことです。普通の無造作に脱ぎ捨てた体《てい》ではなく、最強の綺麗な形なのです。これこそ躾《しつけ》というもの。自分の身を整えて、美しくするということです。

その結果、今でも料亭や旅館に入り、靴を脱ぐと、自分から並べ直すのです。そこで、店のスタッフの方たちは、とてもびっくりしますが、それはやはりそうした躾ができている人間があまりにも少ないということを物語っているのではないでしょうか？


先週、スコットランドで、私のM＆A（企業の買収と合併）の師匠の自宅に6日間にわたり宿泊してきました。その師匠の自宅といっても、５１０９平米のお城。敷地内に自分のゴルフ場もあります。バッキンガム宮殿から引き抜いた執事たちがサービスにあたります。

彼の弟子たちに求める基準はどうでしょうか？「普通」などは、あり得ません！

彼に教わる人たちには、２ストライクのルールがあります。野球では、３ストライクでアウト。それは普通。彼のところでは、２ストライク。基準を引き上げる最強です。

遅刻はストライク。宿題の不提出はストライク。もう「さよなら」なのです。

食卓で女性たちよりも男性が先に座ってしまう。ストライク。

紺または黒のスーツ、白いワイシャツ、赤または青のネクタイ、きちんとした革靴以外の服装はストライク。

定期的に開催されるオンライン・ミーティングの不参加、ストライク。週間報告書を提出することになっていますが、決まった体裁《ていさい》以外はストライク（体裁については、7ページものマニュアルがあります！）。添付する写真の解像度、報告書専用のメールアドレスを利用すること、添付ファイルを使わずメール本文にすべてを入れることなど、どのルールに違反してもストライク。

延べ2ストライクで、もう「さよなら」。彼からもう教わることはできません。

そして、どんなにお金のない人でも、どんなに若くても、未経験者でも、初めて彼から教わってから、90日以内に会社を設立し、最強の取締役会を構築し、銀行との強力な融資関係を築き、最初の企業買収を完了させることになっています。まさに最強なのです！

彼のことを異常者だと思っている人がほとんどでしょう。そんなに厳しくしなくたって……

しかし、普段の行動、服装、報告書の体裁などにそういう基準を要求するからこそ、短期間で大きな成功を収めることができます。そして、その結果、弟子たちが7兆円を上回る企業の買収と合併を成し遂げており、人類史上最大の企業買収もやはり彼の教え子が実行したものでした。

あなたのだらしないところは何でしょうか？　それをどう改善しますか？　最強の基準は何でしょうか？

「普通」で良いと思っていれば、もう本書を棚にしまっておけ！　意味がないと思います。私は、最強を目指す人たちだけを指導したい。

しかし、「最強でなければ気が済まない！」「今までの基準はもう受け入れられない！」、今までの自分に腹が立って仕方ないのであれば、先へと進めていきましょう。

スティーブ・ジョブズは最強の経営者として有名であり、まさにアップルが現在、時価総額で世界ナンバーワンの企業になっています。どうして、それができたのでしょうか？　それは基準の引き上げをおいてほかにありません。

Macintoshを開発するとき、スティーブ・ジョブズが毎日チームに向けて叫び続けていた言葉があります。「It must be insanely great!」。和訳すると、「この商品は、気狂《きちが》いなくらい、素晴らしいものにしなければならないのです！」

私はそこで言いたい。「You must be insanely great!」。和訳すると、「あなたは気狂いなくらい、素晴らしく、偉大な人間にならなければならないのです！」

※気狂いは差別用語とは聞いていますが、他人ではなく、物や自分たちについて使う分には構うまい。

第2部

新しい経営環境を見つめる

成功ほど失敗するものはない

進化における大原則があります。「成功ほど失敗するものはない」というものです。ある時代においては、恐竜が成功します。それは、恐竜がその時代のニーズ・環境に適応しているからです。

餌が豊富。そうとなったら身体が大きくても良い。いや、逆にその方が得。天敵から身を守る上で絶対に有利。沼地などに住んでいると、ノロノロしていても大丈夫。つまり、これは成功をするというわけです。

しかし、時代が移り行き、環境が一変してしまったら、どうなるでしょうか?氷河期に突入します。すると餌が減ります。でっかい身体を養うほどの食料が得られなくなります。今まで最大の強みだった身体の大きさが、致命傷になってしまうのです。

機敏に動き、少ない餌で賄《まかな》い、そして寒くなると、南に向かう知恵・本能が必要になります。つまり、この恐竜が鳥に進化するか、絶滅してしまうか、ふたつにひとつになるのです。

企業についても、同じことが言えます。時代のニーズ・課題・チャレンジが出てきます。そして、それに見合った反応をします。顧客の望む商品を発売します。その環境に適した組織体制を整えます。

その時代に受け入れられるリーダーシップ・スタイルを発揮します。すると、これはこの時代に適応しているから成功します。

しかし、時代が移り行き、環境が一変します。

国際化時代に入ります。高度成長期が終わります。インターネットやＡＩ（人工知能）が主流になります。老齢化が進み、人口が減り始めます。労働者に対して、より優しいリーダーシップ・スタイルが要求されます。すると、どうなるでしょうか？　今までの経営のあり方が恐竜化し、会社が絶滅の危機に陥《おちい》ってしまうのです。

そこで、ほとんどの経営者はどうするでしょうか？　今までに成功したやり方をより熱心に行おうとし、失敗を招きます。成功ほど失敗するものはないのです！　だからこそ、時代を超えて生き残る企業は２％程度しかありません。

それでは、この新しい時代のチャレンジをもう少し詳しく見つめてみることにしましょう。

金メダルか？　ドーナツか？（一人勝ちの経済）

あなたは、スポーツをしたことがあるでしょうか？　学生時代を思い起こせば、何かしらのスポーツに参加したことがあるはずです。

そこで聞いてみましょう。あなたは、県大会に出場したことがあるでしょうか？

講演会場でこの質問をすると、多くの方々が誇らしげに挙手します。その手の数を見るからには、県大会というハードルはそんなに高くないようです。

昔、県大会みたいなものはありました。その地方、その県で最も優秀な企業が寄り集まり、競合をし、最も強い者が勝ちました。しかし、そんな時代はもう終わりました。顧客は、県内で最も優秀な企業はどれか、そんなことには興味がありません。

さらに聞きましょう。あなたは、国体に出たことがあるでしょうか？　この質問をすると、さすがに手を挙げる人数が随分減ります。ハードルが高くなるのです。

昔、国体みたいなものもありました。その国で最も優秀な企業が寄り集まり、競合をし、最も強い者が勝ちました。しかし、そんな時代はもう終わりました。顧客は、国内で最も優秀な企業はどれか、国産で最も良い商品は何か、そんなことには興味がありません。

今は、オリンピックがあるのみです。顧客は、世界で最も優れた商品やサービスはどれか、それを探し求めています。そして、インターネットができたことにより、即時にそれを検索し、知ることができるのです。

このオリンピックというものについて、少し考えてみましょう。

オリンピックで一番になると、何が与えられるでしょうか？　「金メダルだ！」、そう答えるに違いありません。

しかし、本当にそれで正しいのでしょうか？　いや、違います。金メダルだけではありません！　金メダル、国民の英雄というステータス、勲章、知名度、名誉、スポンサー、広告収入、将来のオリンピック委員会へ参加……何もかもすべてが与えられるのです。

では、二番目はどうなるでしょうか？　そう、銀メダルなのです。

三番目は？　そう、銅メダル。

では、四番目は？？？　ドーナツ。ゼロ。ナッシング。

そして、恐ろしいことに、その人は世界で四番目に能力の高い選手なのです。しかし、そこまでの成果を出しても、何も与えられないのです。

これは現代企業が直面している状況をよく表している良い比喩になると思います。一人勝ちの経済なのです。世界の一番から三番くらいまでの企業が市場を分かち、残りの企業は廃業に追い込まれていくのです。金メダルか？　ドーナツか？　ふたつにひとつなのです。

最強の経営以外では、もう通じないのです！

世界人口の推移〈推計値〉

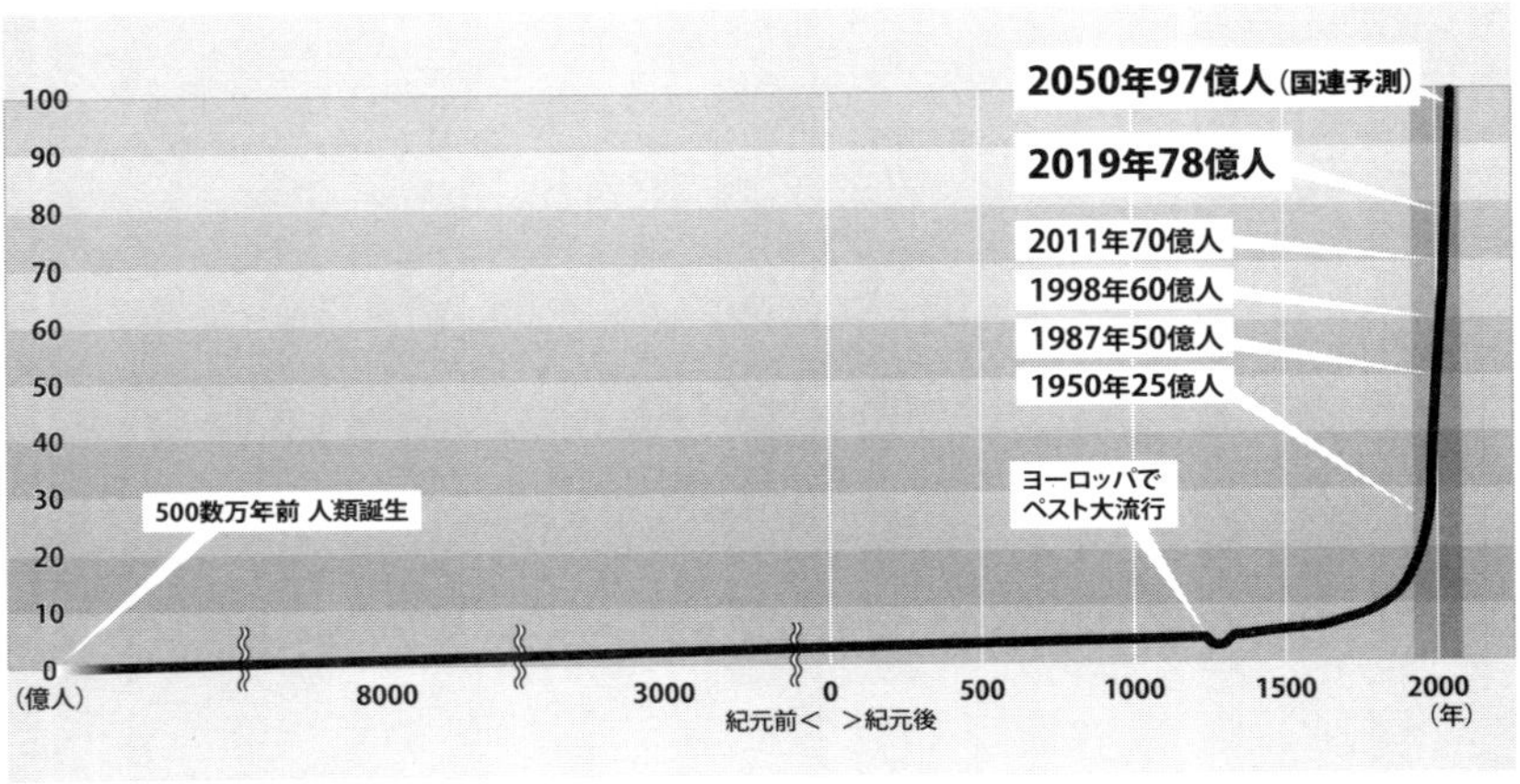

時間が圧縮されている

現代の経営環境のもうひとつの特徴があります。それは非常に速いスピードが要求されているということです。

ひとつのグラフを見ていただきたい。このグラフの横軸は年代の経過を指し、人間が地球に現れてから今日に至るまでのタイムラインです。縦軸については、のちほど説明することにしましょう。

このグラフの線が左下からスタートし、ほぼ真横に右へと向かいます。そして、99％ほど右端に進んだところで、やや上向きになり、右端の直前で真上に向かって急上昇します。

これは何のグラフなのでしょうか？

これは人間の人口曲線なのです。

実を言うと、この地球の上に生を受けたことがある人間の全体数の約７％が、現在生きていると推定されています！（人類は５００万年前に誕生しているから、衝撃的な数字なのです!!!）この１５０年間だけでも、世界の人口が５倍以上も増えています。

しかし、このグラフは、人口の増加だけを表すものではありません。人間の知識の量も指しています。

３００年前ならば、すべての書物を読破することが可能でした。古事記、日本書紀、論語、五輪書《ごりんのしょ》、源氏物語、枕草子、古今和歌集など、その時代は簡単にリストアップできるほどしかありません。それが今となっては、１日で生み出される知識を１００もの人生をかけたところで読破できるはずもありません。最も多い中国では、年間44万冊もの本が出版されています。世界では、年間２２０万冊にものぼります。そして、これは科学論文、インターネット記事、雑誌や新聞などをすべて外した数字なのです！

このグラフは人間の移動速度のグラフでもあります。

左から追っていくと、長い間、徒歩が続き、馬やラクダに変わり、近代になってからは、蒸気機関車、自動車、飛行機、ジェット機、そしてスペースシャトルとなります。１０００年前ならば、東京からロサンゼルスまでは、一生涯かけても行けない距離でした。１００年前でも、命がけの2週間だったことでしょう。しかし、スペースシャトルに乗れば、８分間という距離に縮まってしまうのです！

通信速度・情報の伝達速度についても同じことが言えます。近くにいる人に声をかけることしかできなかった長い時代を経て、電報、電話、そして現代では、インターネットを介して、一瞬にして全人類にメッセージを発信できるのです。

人間がお互いに殺し合う能力でもあります。殴り合い、棒と石、刀、槍《やり》、弓、銃、機関銃、原子爆弾。

人間社会のどんな現象をグラフに記してみても、同じ線を辿《たど》っていきます。

これは何を意味するのでしょうか？　時間が圧縮されているということです！

従来のスピードでは、もうダメです。ここでまた、最強の経営が要求されるのではありませんか？

素晴らしい現代社会

世界クラスの品質とサービスが要求されます。時間が圧縮され、今までの経営では到底考えられないほどの変化のスピードが要求されます。

このようなチャレンジに直面して、多くの人が圧倒されることでしょう。もうついていけないと考える人が後を絶ちません。一種の諦めさえ感じます。

しかし、そうである必要はないのです。いや、却って、これほど経営しやすい時代はありません!!!

そして、最強という基準をもつ人にとっては、まさに一人勝ちの時代なのです。

それどころか、この時代で経営が成功しないはずはありません！　大きな利益を享受《きょうじゅ》できないわけがありません！　そう思えてならないのです。

その理由については、これから詳しく説明しましょう。

◆78億人のお客様

人口の爆発がお客様の数の爆発を意味するのではありませんか！

２００年前なら、お客様は78人でした！　たったの２００年前には、人口の98％以上が農業に携わっていました。そこでのお客様というのは、同じ農村に住む人たちだけでした。その時代に経営をすることは至難の業と言えます。

しかし、今となっては、78億人ものお客様がいます。そして、その人たちにアクセスするのは、手元の携帯電話からでもできてしまう！　買ってくれる人はいくらでもいるということであり、どんなマイナーな商品でも、市場があるということではありませんか！

世の中で、私が一番理解できないのは、「ビジネスチャンスがない」と言っている人たちであり、「仕事がない」と言っている人たちです。

一歩外に出れば、それは即ビジネスであり、即仕事なのです。なぜなら、78億人もの人間が生活しており、彼らの困っていることは山ほどあるからです。

この78億人もの人間が、食べ物を必要としている、住居を必要としている、服も必要としている。教育、移動手段、エンターテインメント、エネルギーなどもいります。いくらでもニーズがあり、そのすべてが私たちにとってのビジネスチャンスであり、仕事であり、稼ぐネタになるのです。

◆88兆ドルの経済

次に理解できないのは、「不景気だ」と言っている人間です。

不景気？　何事でしょう？　今、世界経済は年間88兆ドルにのぼっています!!!　9690兆円なのです！　そして、それは一回限りではなく、毎年やってくるのです。それでも足《た》らないのでしょうか???

経済学で言う不景気という言葉の意味は、この88兆ドルという天文学的な金額が、今年90兆ドルに伸びないということではありませんか!?

経済は十分な大きさに達しています。こんなに大きな池があるのに、それでも魚の一匹も釣れないのかよ！　そう叫びたい。

昔の経済は、ローカル経済であり、小規模だし、諸事情により不景気が起こることがしばしばありました。しかし、今となっては、世界経済が私たちの遊び場となり、不景気とは無縁の時代になっています。

◆5000年の歴史において、金利が一番安いのは今だ！

次にまったく理解できないのが、「お金が足りない」「運転資金が足りない」「資金繰りが苦しい」と呟《つぶや》いている経営者のことです。

人間の文字によって記された歴史が約5000年間と推定されています。そして、その歴史の中に必ずお金・借金・金利の話が出てきます。古代の宗教の経典をとってみても、神様との関係を借金とその返済に喩《たと》えて説明されているほどです。そして、この5000年間の中では、金利が最も安いのは、今なのです！

それどころか、ゼロ金利になっているではありませんか⁉　Money is free!　お金は無料なのです!!!

いくらでも資本があり、それに簡単にアクセスすることができます。

例を挙げてみましょう。先般、ソフトバンクが新しいベンチャーキャピタル（VC）ファンドを立ち上げました。そして、集まった資金は、1080億ドル、約11兆8000億円と言うのではありませんか!!!

これは大問題です。そのファンドで働く従業員の気持ち・立場になってみましょう。

朝出勤をします。すると、事務所内に1000億円の札束が118束も机に置いてあります。そして、これをすべて起業家・経営者に渡すことを投資家たちに約束しています。これほどの大金を使える経営者をいったいどこで探せば良いと言うのでしょうか?

そこであなたは、「青山で婦人もののブティックを開店しよう」と言う。何の問題解決にもなりません!!! それをするのに必要な資金は、その札束のひとつの今日の利息分にもなりません。

現代社会においては、お金が余っています。それは、政府が赤字予算を組み、国債をたくさん発行し、それに伴い、マネーサプライ(お金の供給量)が急増し、その量は企業の必要としている運転資金の額を上回ってしまったためです。

銀行マンがやって来ます。そして、あなたは言う。

「なぜ土下座しないのか! 支店長も連れて来い! 本部の人間も何で連れて来ないのか!? みんな揃って私の足にキスしたら、少しくらいお金を借りてやろうか?」

このくらいの時代なのではないでしょうか。

◆AI(人工知能)を使って予測が正確に

W・エドワーズ・デミング博士の有名な言葉には、「マネジメントとは、予測することである」というものがあります。そして、まさにその通りなのでしょう。

お客様が何を買ってくれるだろうかを予測します。どのくらい製造しておけばいいのか、これも予測です。何人くらいの従業員を雇えばいいのか、どのくらいの資金を調達すればいいのか、上場するときの株価はいくらにすればいいのか、これらはすべて予測なのです。

従って、本来は、経営において難しいことがあるとすれば、それはこの予測を正確に行うことだけだと言っても差し支えはありません。

しかし、現代では、ＡＩ（人工知能）の到来により、日に日にこの予測の作業が簡素化され、より正確なものになっています。

アマゾンという会社のやっていることを例にとって、考えてみましょう。

あなたは、サイトにログインします。すると、アマゾンのシステムは、あなたが今どういう商品が欲しいのかを予測し、提案してくれます。

このシステムは、あなたが今までどういう商品を買ったかという購買履歴をすべて把握しています。あなたと似たような購買パターンをもっている顧客はさらにどういう物を買っているのか、それを買って実際に満足したのかなど、そのすべてを知っています。それぞれの商品を購入してから、それを再購入するまでの平均時間もわかっています。そして、それを踏《ふ》まえて、あなたは何を購入するだろうか、それを買ってあなたは実際に満足するだろうかを、瞬時に予測しています。

どんなに優れた能力をもった営業マンでも真似できるはずはありません。

最近、アマゾンが新しい特許を取得しました。それは、注文を受ける前に商品を出荷してしまうというものです！

注文を受ける前に、その注文が必ず入るということを予測できるところにまで至っています。そして、出荷してから、途中で送り先住所も変更できるのです!!!

あなたの住む街では、誰かが明日その商品を買ってくれるに違いない。その予測を踏まえて、物をとりあえずあなたの住む街に向けて出荷しておきます。そして、その注文が実際に入ってくると、その時点で住所を確定し、配送を完了させます。すると注文してから、数時間後に物が届くのです！

予測の改善によって、こんなことも可能になってきています。

◆競合の時代から協力の時代になった

「資源が足りない」「人手が足りない」「技術が足りない」、こういうことを言っている経営者もやはり理解できません。

もうそういう時代ではないはずです。

従来の経営では、どのようにして競合に打ち勝つのか、ひたすらそれを考えました。戦略、市場占拠率、市場進出などの経営用語そのものも、軍事用語・戦争用語を多く用いるものでした。しかしやはり、その時代はもう終わったのです。

競合の時代ではなく、協力の時代なのです。パートナーシップ・提携・合併の時代なのです。

自社内において世界クラスでできないことをすべて外注します。それだけのことです。

工場を持たないメーカーも誕生します。建物を持たないホテル運営会社も。店を持たない小売業者も。ＩＴはさっぱりわからないインターネット企業も。

何でも可能なのです。

中国経済発展の本当の意味は何なのか？

この現象は、中国の経済成長からスタートしました。

中国の経済発展の本当の意味は何だったのでしょうか？

それは、世界初の「オープン生産プラットフォーム」の誕生でした。

昭和時代を思い出していただけるでしょうか？　どの大企業も「系列」に属し、垂直統合を謳《うた》ったのでした。つまり鉱山などで原材料を採掘し、精製し、鉄を作り、それで自動車を生産し、そして自社の専属販社に卸していったのです。完全に自立型であり、ほかの系列との壮絶な戦い以外の何物でもありませんでした。

しかし、このモデルでは、不能率でした。何でもかんでも、自社・自グループ内でやらなければなりません。それも世界的なレベルで……

その中で、例えば、あなたがサンリオに勤めていてハローキティの形の車を作りたいとする。そして、その話をトヨタ自動車や日産自動車にもっていくとしましょう。断られるに決まっているのです。「自社ブランドがあります。それ以外の物は作りません」。この答えが返ってくるのがオチでしょう。

そこで、中国の経済が発展し始めました。生産能力はあるが、ブランドがありません。あなたは、「ハローキティの形の車を作ってください」と言う。すると、「何台作ればよろしいですか？」という回答が返ってきます。

オープンな生産プラットフォームの誕生であり、初めて自社の工場を持たずして、生産を外注できるようになります。

今度は、アマゾン・楽天・イーベイなどが登場し、オープンな流通プラットフォームも誕生します。すると、堰《せき》を切ったように何でもオープンになり、自由になり、系列が崩れ、競合から協力の時代に移り変わったのです。自社にない資源、人、技術、能力などは簡単に外注することでアクセスできます。

それでいいのです！

成功できない理由はどこにもない!!!

この時代の特徴を一つひとつ検証していけば、経営を成功させることができない理由はどこにもありません。こんなに簡単な時代はありません。そう言うほかありません。

78億人という、無数とも言える顧客がいます。88兆ドルの規模にもなる世界経済があります。ベンチャーキャピタル（ＶＣ）やプライベートエクイティ（ＰＥ）ファンド、銀行などが事業資金を私たちに提供することに躍起《やっき》になっています。そして、その金利はタダ同然です。無限の情報があり、予測は今までのどの時代よりも正確にできるようになっています。そして自社でもたない、いかなる設備も、能力も、技能も、技術も、資源も、戦略的パートナーシップにより、アクセスし、利用できるようになっています。

こんな好環境で成功できなければ、どうかしているのではありませんか？　なぜあなたはそんなに無能なのでしょうか？

それを第３部で詳しく見てみることにしましょう。

第3部

あなたの会社の唯一の問題

会社の抱える問題は何種類あると思う？

私が経営コンサルタントの認定資格をとり、開業してから30年間もの歳月が経ちました。そして、何百という大企業・軍組織・政府機関を指導してきました。また、数知れずの零細・中小・中堅企業の経営者たちの相談に乗りました。

四つ星の大将にリーダーシップを教えるように呼ばれたこともあるし、有名大企業の役員会を指導するようにも頼まれました。急成長をして、社会の好評を得ている会社もあれば、倒産寸前の企業や、社会問題を起こし、新聞やニュースで取り上げられるような企業も診《み》てきました。製造、小売、卸、IT、通信、電話、電機製品、自動車、金融、銀行、証券、ファンド、建設、造船、鉄道、遊園地、レストラン、ファーストフード、ホテル、出版社、学習塾、教育業などを指導しました。

そして、自らも30社以上もの企業を設立し、アメリカ、日本、イギリス、アイルランド、スイス、シンガポール、ニュージーランド、オーストラリア、香港などで、会社経営に携わってきました。会社で起こることで、見ていないものはもうないと言っても過言ではないと思うのです。

そのすべての経験を振り返り、調査し、検証し、分析したところ、結果的に何種類くらいの経営問題を見てきたと思うでしょうか？　何種類くらいの問題がそもそも会社に存在すると思うでしょうか？

答えは「ひとつ！」です。

そう、企業が直面する問題は、結局のところ、たったひとつしかないのです。あなたの会社もしかり。あなたの会社が抱える問題はひとつしかありません。確固たる自信をもって、そう断言しましょう。

あなたの会社が抱えている唯一《ゆいいつ》の問題は、経営者の「あなた」なのです！

それだけのことです。

松下幸之助があなたの会社を経営してくれるなら、どのくらい業績が変わってくるでしょうか？　ジェフ・ベゾスが入ってきて、経営をするなら、どうなるでしょうか？　スティーブ・ジョブズは？　ジャック・ウェルチは？　これらの優秀な経営者が入ってきて、経営にあたるなら、たちまち業績が激変するに違いありません。誰もがそう思うことでしょう。

となれば、景気が悪いとか、従業員がなっていないとか、時代が難しいとか、そんな悠長《ゆうちょう》なことをもう言っていられません。

結局のところ、どう経営する（＝経過を営む）かという問題しかないのです。そして、あなたは、それほどに優秀な経営者になればいいだけの話です。

社長から変われ！

会社の唯一の問題は自分です。

これに気づく日には、すべてが変わります。ほかの何かが問題だと思っている限り、直せないのです。しかし、問題が自分にあるとすれば、話が違います。それをすぐに変えることができるからです！

さて、そこで疑問が出てくるのではありませんか？　私のいったい何がそんなに悪いのか？　それを明確にしなければなりません。

78億人ものお客様、88兆ドルもの経済規模、ゼロ金利、協力してくれる企業の数々、こんな好環境の中でも大成功できない経営者って、いったいどうなっているのでしょうか？

今まで無数の経営者を見てきた経験から、その疑問に答えてあげましょう。経営者の抱える欠点には、主に7つのパターンがあります。

この7つのパターンを聞きながら、胸に手を当てて、考えてみていただきたい。そうすると、必ず自分に当てはまるものが出てくるに違いありません。あなたの欠点、犯している大罪は、どれにあたるのでしょうか？

◆怠け者だ（You are lazy!）

最初の経営者の大罪は、怠け者だということです。

だらしないのです。無気力になっています。無数の機会を目の前にして、それを活かすほどのやる気が湧いてこないのです。最近の経営者は、これが多いのでしょう。

仕事が終わるまで、望む結果を得るまで、成果が上がるまで、やる必要のあることは何でもする。その決意を固めて、怠け癖を取っ払い、目の前にあるこの前代未聞の経済機会を活かして、会社を成功へと導いていただきたいと願ってやみません。

この考え方は、幼少の頃、自然と私の身につきました。11歳のときから、父の家業で強制労働をさせられていたからです。そこでのルールは簡単でした。作業が終わるまで遊べません。

簡単で明快。

だから、時間で労働することを知りません。定時という言葉とは無縁です。怠け癖がつくはずもありません。遊びたいからこそ、必死に仕事します。

本書を10日間で書き上げます（実際にそうなりました）。毎日、その日の文章量をこなすまで書き続けるのです。あなたの場合はどうでしょうか？

時計で生きることは、人間にとって不自然なのです。しかし、最近の人々は、大概この時計というものによって支配されています。お腹が空いていないのに、時間になったから食べる。仕事が終わっていないのに、定時になったから帰る。

まったくおかしな話です。

時計ではなく、コンパスで生きるようにしましょう。自分はどこに行こうとしているのでしょうか？ その方向に進み続けて、成し遂げるまでは……

あなたは、最近どのような怠け癖がついているのでしょうか？ 会社においては、どうでしょうか？ 私生活では、どうでしょうか？ 運動については、どうでしょうか？ 家族に対する接し方においては、どうでしょうか？

◆臆病者だ（You are a coward!）

経営者の次の問題は、臆病になっているということです。

思い切った意思決定ができません。大きい注文を頼む勇気がありません。世界を変えるようなプロジェクトに取り組めません。会社をダメにするような従業員を解雇できません。スタッフとの衝突が起こりそうなとき、大切な話し合いを避けて通ろうとしています。失敗を恐れるあまり、会社を成功させるような決断ができないでいるのです。

卑怯!!!　そう叫びたい。

私の塾で勉強する経営者たちは、30日間で投資した金額の元が取れます。それは、この臆病癖を乗り越える様々な工夫がそこにできているからです。

そのひとつは、「クジラ狩り」と呼ばれるものです。小魚を釣ったとする。そうすれば、ギリギリ今日の命を繋ぐ程度の食料が手に入るかもしれません。しかし、明日はまた釣らないといけません。そして、釣れない日には、家族がお腹を空かせることになってしまうのです。

しかし、クジラを獲《と》ってくれれば、村の全員が冬を越せるではありませんか!

※これはあくまでも比喩であり、私は実際のクジラ漁に反対している環境保護派なのです。

ここで、注目すべきことは、そのクジラがどこにいるのかは、みんなが知っているということです。ただ、実際にカヤックに乗り、そこまで行って、銛《もり》をそのクジラに突っ込むガッツがないということです。

実例で説明しましょう。私の教え子でとても地味な会社を経営している社長がいました。その会社は、花の入れ物を製造・販売していました。薄利少売と言ってもいいでしょう。

中国からの競合品がいっぱい入ってくるし、コスト競争が激しいし、かなり苦戦していました。しかし、結局のところは、本当の問題は、臆病だということでした。クジラに銛《もり》を投げ込む勇気がありませんでした。

そこで花業界の最大手の会社に訪問して、母の日の一括受注を依頼するように指導しました。すると、なんと、返答はイエスでした！　即答、快諾しました。巨大な利益を一瞬にして手に入れたのです。そして、これで勇気が出たから、「来年の分もお願いします」と頼み、その受注も取れました。

このふたつの受注で手に入れた利益で、その経営者は引退し、夢の老後生活を送っているのです。

あなたは、どういう場面で勇気を出す必要があるでしょうか？　どういう勇気のある行動を引き延ばしにしているでしょうか？

◆馬鹿だ（You are stupid!）

次の問題は、経営者が馬鹿だということです。

経営のやり方を知らない。そして、それを学びに行く気力がなく（You are lazy）、聞きに行くガッツもない（You are a coward）。こういう人は跡を絶ちません。

第一、日本の経営者たちは勉強不足なのです。そう言わざるを得ないのでしょう。

そもそも、日本でビジネス書を読む人たちの割合は、アメリカの4分の1程度になっています。そして、売れているビジネス書は薄いものばかり。本書は、５００ページを書きたいところですが、出版社からは、「２００ページ程度に収めないと、日本では売れないから勘弁してください」と言われました。

なんという日本の経営者たちに対する厳しい指摘なのでしょう！

ビジネスのやり方は知られています。これほど研究し尽くされた分野はほかにないでしょう。ビジネスを成功させるのは、チョコチップクッキーを焼くようなものです。レシピがあるのです。そして、レシピ通りに焼けば、必ず美味しいクッキーができます。

美味しくないチョコチップクッキーを食べたことがあるでしょうか？　まったく美味しくないチョコチップクッキーに遭遇したとします。するとどう思うのでしょうか？

「これを作った人は大馬鹿者！」と、そう思うに違いありません。

なぜレシピを調べようとしないのでしょうか？　どういう材料を、何グラムずつ、どういう順番で、どう混ぜるか、どういう入れ物で、何度のオーブンで、何分焼くのか、全部知られています。しかし、この美味しくないチョコチップクッキーを作る人は、それを調べようとしないのです。なんでもかんでも自己流でやろうとしています。大馬鹿者なのです！

日本だけでも、企業は１００万社あります。世界になると3億社近い企業があると言われています。

そこで、成功している企業と成功していない企業がはっきりと分かれます。全世界で上場している企業だけでも4万5０００社あります。そして、ビジネスの成功が多くの人間にとって最大の関心事になっているため、研究している人たちも多いのです。

従って、成功する企業としない企業、その違いがはっきりしています。なのに、あなたはそのレシピを知ろうとしないのですか？　そうだとすれば、大問題なのです。


本当にレシピだと断言したい。

数ヶ月前に自分の教え子の社長たちに、このことを証明しようと思い、自らケーススタディとして、実施してみることにしました。

教室のステージの上で、ビジネスのアイディアを出しました（アイディアの出し方にもレシピがあります）。プレゼンの資料を作成しました（プレゼンの仕方にもレシピがあります）。

ここまでは、約40分間。

その1ヶ月後に、みんなの前で資本提供者たちにそのプレゼンを実施し、45分くらいのプレゼンで、1億８５００万円の資本金が集まり、会社の時価総額が17億円に確定しました。それから1ヶ月間で大物ばかりの取締役会を構成し、優秀なチームを雇い、経営が実質上私の手を離れ、３年後の上場または売却に向けてみんなが作業してくれています。

そこで、あなたは思うことでしょう。

「いやいや、それはジェームスだからできるのでしょう！」

しかし、違う！　レシピなのです。

レシピと呼ぶからには、誰が焼いても同じ結果になるはずです。同じ材料を、同じ分量で、同じ機材で、同じ順番で、同じ処理をかけておけば、悲しいことかな、物理学の法則が全人類に平等に作用しますから、同じ結果が出るのです。

それと同じなのです。

そこで、教え子のひとりがこれを実証することにしました。その彼は、京都でふたりの従業員を抱える小さな自動車修理工場の経営者でした。経営者というよりは、技術者と呼んだ方が正確なのかもしれません。

彼が同じ方法でアイディアを出しました。同じフォーマットでプレゼンの資料を作成しました。同じように投資家たちにプレゼンをし、資本金を集めました。そして、３ヶ月で（初めてやる作業だから、少し時間がかかったかな）、資本形成ができて、会社の時価総額が15億円になり、優秀なチームを招集し、数年後の大きな売却に向けて作業中なのです！

あなたは、どういう勉強が足りないのでしょうか？

誰から直接学ぶ必要があるのでしょうか？

◆自己価値ゼロだ（You have no self-worth!）

次の問題は、自己価値の欠如です。そして、その原因はあなたの両親にあります。

あなたの両親は大成功者だったのでしょうか？　ハイ・パフォーマンス・ピープルだったのでしょうか？　おおかた、その答えはノーなのでしょう。そして、その結果、あなたは自己価値がゼロになっていると言っても過言ではありません。

学校の先生たちも悪いのです。壁に偉人の顔写真を横並びに貼っていきます。

「この人たちは、歴史上の偉人たちなのです。経営者の松下幸之助がいる。運動家のガンジーがいる。科学者のアインシュタインがいる。スポーツ選手のウサイン・ボルトがいる。文豪の川端康成がいる。発明家のエジソンがいる。この人たちが偉人。そして、私たちは違う……」

子供に対する暴力ではありませんか！

私はその先生に言いたい。

「あなたは偉人とは違う！　私は偉大になるために、素晴らしい人生を生きるために生まれたのです！」

あなたは、大成功をするべく生まれてきた人間なのでしょうか？　あなたは、大金持ちになる資格があるのでしょうか？　あなたは、大きな幸せを手に入れるに相応しい人間なのでしょうか？　あなたは、大企業の経営者になって当たり前の人間なのでしょうか？　あなたは、この世界を変える人間なのでしょうか？

それとも、まだ子供の頃に押し付けられた劣等感と罪悪感を背負って生きているのでしょうか？

ひとつの質問をしましょう。あなたはレストランに行くとき、メニューにある品を注文するでしょうか？　簡単な質問です。難しく考えないでいただきたい。メニューの中にある品目を注文しているのか、それだけのことです。

「当たり前でしょう！」と、そう答えるに違いありません。しかし、私はちっとも当たり前とは思っていません。私はレストランに行くとき、8割メニューにない品を注文しているからです！　私にとっては、メニューとは、「台所にこういう材料がありますよ」という参考書にすぎません……

人生も同じ。小学1年生くらいのときから、学校で先生が人生のメニューを子供たちに見せ始めます。

「大人になったら何になりたい？　サラリーマン？　OL？　警察官？　消防士？　国家公務員？」

子供に対する暴力です。社会が用意したメニューの中から選びなさいという暗示なのです。自分のなりたいようになる価値がない。社会が決めたどれかを選ぶしかありません。そういう無言のメッセージが秘められています。「普通」の押し付けなのです。しかし、「最強」に生きる人は、その制限を受けつけないのです。

南の島で寛ぎながら本を書き、印税生活をし、時には一流のリゾートのプールに入りながら経営者たちの相談に乗り、サイドビジネスとしてヘッジファンドの経営をする……

そんな選択肢は、先生から提示されたメニューにはありませんでした。しかし、私は自己価値をしっかりもっているから、今そんな毎日を過ごしているのです。

会社は、その経営者の自己イメージを超えて成長することはありません。

スティーブ・ジョブズ、イーロン・マスク、ビル・ゲイツ、アンドリュー・カーネギー、ジョン・D・ロックフェラー、偉大な経営者は一般ピープルから見ると、エゴの塊のように見えることでしょう。しかし、そうではなく、自己価値をちゃんともっているというだけなのではないのでしょうか？

素晴らしい人生を生きる価値があり、世界を変えるのはこの自分なのだと確信しているだけなのではないのでしょうか？

あなたの自己価値・自己イメージは現在どういうものになっているでしょうか？

◆悪い奴だ（You are a jerk!）

真心よりお客様・従業員・周りの人たちの幸せを望んでいるでしょうか？　人に対する接し方は一流になっているでしょうか？

経営を失敗させるもうひとつの原因はここにあります。あなたが悪い奴であれば、救いようがありません。

周りのみんなは、そういう人間のために働きたくない、頑張りたくない、自分の一番良いアイディアを出したくない。

大成功者は、高い基準をもっています。容赦なくそれを周りの人たちにも要求します。妥協しない分、扱いにくい。怒るときは滅茶苦茶怒ることがあるし、決して穏やかとは言えません。しかし、世界を良い方向に変えようとしています。最終的に、周りに基準高く生きてほしいと願っています。だからこそ基準が低いとき、それを見過ごすことがどうしてもできません。ただの意地悪、ただの自分勝手とは大きな違いです。お客様を騙して、私腹をこやそうとしている詐欺師とは似ても似つかないのです。

胸に手を当てて、確認しましょう。あなたはどういう意図で経営しているでしょうか？　他人とどういう接し方をしているのでしょうか？　本当に世界をより良い方向にもっていこうとしているでしょうか？

本当に世界を良くしようとしていなければ、あなたは一時的に利益を上げて、お金が手に入ったとしても、偉大にはなれません。根本から自分の心を変えていく必要があるのです。

◆基準が低い（You have incredibly low standards!）

普段から接している人たちを見せてくれれば、あなたの将来を見せてあげられます。これは真実。これほど的《まと》を射た言葉はありません。

なぜでしょうか？　それは、最終的に周りの人たちの基準に合わせてしまうからです。どうしても、人間はそうなります。

夜、飲み屋に入り浸《びた》って、人の悪口を言いながら人生を無駄にしているような友だちとは早速別れましょう。ＳＮＳでブロックし、携帯電話のアドレス帳から消しましょう。真剣に言っています。そして、自分に過ぎた相手と繋がるようにしましょう！

あなたが高い目標を打ち出したとしましょう。トライアスロンを完走するとか、会社を上場させるとか、業界でナンバーワンになるとか、１２０歳まで生きるとか……　すると、周りの人たちは、それに対して何と言うのでしょうか？「素晴らしいですね。応援しています！」と、そう言うのでしょうか？　そう言われることは稀なのでしょう。

却って、「そこまですることないだろう」「いい年をして何を言う？」「変な宗教でも入ったんじゃない……」

そう言われた瞬間に、それ以上その人と無駄に会話を交わす必要はありません。早速別れましょう。その場で。何も言わずに。真剣に言っているのです。

これが変な宗教なら、早速入信しましょう！　普通は、もうウザい。最強でいくしかないのです。

そして、この大変革は最強の仲間をもつことからスタートするのです。

◆自己制限を作っている（You are self-limiting!）

次の問題は、自己制限を作り、小さくなっているということです。

どういう意味でしょうか？　自分でできる、自分でやろうとするという考えです。

「ええ？　それって良いことじゃないのですか？」と、そう思うに違いありません。しかし、これは最強の経営をダメにする方法なのです。


考えてごらん。

あなたのもっている知識は有限でしょうか？　それとも無限でしょうか？　もちろん有限です。知らないことがいっぱいあるし、限られた教育しか受けていません。

あなたのもっている経験はどうでしょうか？　それも有限です。ひとり分の人生しか生きていないのです。

もっている資金はどうでしょうか？　これもやはり有限です。

もっている人脈は？　もっている技術は？　もっている知恵は？

どう見ても、自分自身は有限な存在なのです。

従って、自分のできることは？　「有限だ！」みんながここでそう叫び出すでしょう。

しかし、間違っています。自分のできることは「無限です！」。なぜなら、自分自身でする必要がないからです!!!

「自分」ではなく、「他人」と考え始める瞬間、無限の世界に入ります。人の知識は無限です。経験も、財力も、人脈も、技術も、すべてが無限大に広がります。

あなたは、どういう自己制限を作っているでしょうか？　自分でしようとして、小さくなってしまっているものは何でしょうか？　自分が無限の知識、経験、人脈、技術、資金にアクセスできたら、何に挑戦するでしょうか？

＊自分の経営者としての資質を今すぐオンラインでテストしましょう！

WWW.TWG.CEO

あなたの英雄物語

最強への道は、英雄の物語です。

時代を超えて、社会を超えて、宗教を超えて、言語を超えて、遥《はる》か太古の大昔から人間の間に伝わる偉大な物語があります。それは英雄の物語なのです。

ギリシャ神話、スター・ウォーズ、ホビットの冒険、指輪物語、イエス・キリスト、ヒンドゥー教のギーター、マトリックス、ハリー・ポッター、これらのすべてがまったく同じ物語なのです！

若きヒーロー（年齢関係なく、これからこの冒険に出かけようとするあなた）が味気ない毎日を送りながら、生活をしています。そして、ほとんどの場合、地下に隠れています。

ホビットは、丘の下に暮らしています。ルーク・スカイウォーカーがふたつの太陽を持つ惑星で農業をしようとしながら地面に埋もれた家に暮らしています。ハリー・ポッターが階段の下で生活しています。ネオが味気ない事務所でどうでもいい作業をこなす毎日を過ごしています。そして、あなたは今の生活にしがみ付きながら生きているのです。

そこで、布告者・預言者が現れて、その若きヒーローに冒険へと呼びかける。

「あちらだよ！　あちらに行くのだよ！　冒険だよ！」

すると、若きヒーローが必ず抵抗します。不思議なことに、今の味気ない生活を手放そうとしないのです。

「ここを出られないよ。収穫の時期だし、農場は離れられないよ」

その周りに緑に色づいたものは、ひとつもないということにご注目ください。

「ええ？　私は魔法使いじゃないでしょう」「今仕事が忙しいよ」「冒険、嫌なこった。夕飯に遅れるじゃないか！」

だから、ほとんどの人は、英雄にはなれないのです。今の「普通」のどうでもいい生活にしがみ付く。いや、それを死守するのです。

しかし、預言者は告げ続ける。

「あちらだよ。英雄になるのだ。おまえは魔法使いだ。おまえはジェダイ騎士なのだ」

「ええ？　違うでしょう」「あちらには行けないよ」「私がそんなすごい存在であるはずがない」。相変わらずの惰性《だせい》との戦い、臆病との戦い、自己価値のなさとの戦いなのです。

「あちらだよ。あちらに行くのだ。英雄になるのだ」

「あちらで何をする?」

「悪の帝国との戦い」

「どうやって?」

「これを使うのだよ」とライトセーバーを渡しながら言う。

「おい! おい! オビ=ワン、どうかしているじゃないか! 彼奴《あいつ》らはデス・スターを持っていると言うじゃないか!!! 惑星単位で破壊してくる。このライトセーバーは、120センチしかないじゃないか……」

「うん。知っている。でも戦うのだよ」


そして、数少ない、あなたのような勇者たちがその誘いを受けて、冒険に出かけます。どうやってこの冒険に出かけるのか? それは、境界線を越えるということです。

自分の村を出る。今の事務所を飛び出す。漁の網を捨てて預言者について行く。階段の下から出て、家出をする。


この境界線は何を意味するのでしょうか? それは、自分の今までの安心領域の境界線なのです。心の制限の壁なのです。「普通」という枠なのです!

そして、その境界線を越えた瞬間、この物語のどのバージョンでも、同じことが起こります。時代を問わず、国を問わず、文化を問わず、宗教を問わず、まったく同じストーリーなのです。それは、境界線を越える瞬間に、若きヒーローが「魔法に満ち満ちた世界」に入るということです。

どうしてそうなるのでしょうか？　どうして、どの時代でも、国でも、文化でも、宗教でも、この魔法に満ち満ちた世界がそこで登場するのでしょうか？

教えてあげましょう。それは、この魔法に満ち満ちた無限の世界が実在しているからです。心の世界なのです。

「最強は？」と問いかけ始めるその瞬間から、すでにこの世界に入り始めていると言えます。ここでは、何でも起こり得るのです。

・海外にいる人と普通に会話をする
・空を飛んで外国に行く
・月にも行く
・高層ビルを建てる
・砂漠で食物を育てる
・海水から真水を作る

ビジネスは魔法の世界なのです！

そして、この魔法の世界に入り、ヒーローはありとあらゆる怪物に遭遇します。
・クレームをつけるお客様
・突然辞めていく従業員
・国の法律改正
・資金不足
・強力な競合相手

そのとき、ヒーローのために神々の究極の武器が用意されています。


この神々の究極の武器については、『パンドラの箱』の物語において一番丁寧に説明されています。

パンドラがその容器を開けると、ありとあらゆる災難がそこから出てきます。

ここまでの話は覚えている人も多いでしょう。

しかし、みんなの忘れている部分があります。

それは、その箱の底に、神々の究極の武器が置いてあるということです。

その武器とは、「希望」なのです！

そして、あなたがこの希望という武器を持って、ありとあらゆる困難に立ち向かい、それに打ち勝ったとき、最後の怪物、試練がそこに待ち受けています。

それは、龍。

ここで、また考えてみてください。

なぜ、世界中の物語にこの実在もしない生物が登場するのでしょうか？

欧州にも、中国にも、日本にも、お互いにまったく交流のなかった時代から、そっくりの形で出てきます。

不思議ではありませんか？

心理学を勉強すると、その回答が得られます。

心理学では、龍は人間のエゴ・二面性の象徴になっています。

龍は二面性を秘めています。

地面を這《は》い、湿っぽい地下の洞穴《ほらあな》で生活をし、碌《ろく》に使えっこない、今まで溜め込んだわずかな黄金と、手に入れた処女を死守しています。

その一方、大空を飛び、火を吹き荒らす伝説の王者でもあるのです。

そして、あなたも今、その選択を迫られています。


地下に潜《ひそ》み、今の生活にしがみ付き、「普通」で終わってしまうのでしょうか？

それとも、自分のエゴに打ち勝ち、惰性・臆病・無知・邪悪・基準の低さ・自己制限のすべてを一掃し、大空を飛び、火を吹き荒らし、「最強」の自分の伝説を生きるのでしょうか？

ふたつにひとつなのです。


その龍に打ち勝ったヒーローは、どうなるのでしょうか？

神々の究極のギフトを手に入れるのです。それは「自由」なのです。あの世とこの世を自由に行き来する力なのです。


そして、帰郷します。

いったんこの魔法の国、何でも起こり得る最強の国を経験した上で、いったいなぜ元の世界に戻るのでしょうか？　それは次の世代に誘いの言葉をかけてあげるためです。

さあ、あちらだよ！　冒険に行こう!!!

※英雄の物語について、ジョーゼフ・キャンベルのインスピレーションと研究に感謝します。

第4部

現代企業を激変させる4つの原則

計り知れない原則の威力

この経営という偉大なる冒険の道標《みちしるべ》になってくれるものがあります。それは、「原則」というものです。

時折の手法は時代によって変わりますが、原則は変わりません。この「原則」というものは、時代を超えて、威力を発揮し続ける考え方であり、これらの基礎的な思想・思考のパターンがあなたの道を照らしてくれるのです。

そして、私は今までの経営コンサルティング・会社経営の人生を通して、４つの大切な原則が見えてきました。

これらは、普遍であり、必ず効果があります。業種と関係なく、業態と関係なく、国と関係なく、文化と関係なく、会社の結果を司るものであり、あなたの経営を偉大なものにしてくれるに足るものです。

この４つの原則とは、「リーダーシップ」「イノベーション」「利益性」「目的」の４つです。あなたは、会社で毎日この４つだけを考えていれば良いと言ってもいいほどのものです。そして、それらを無視してしまえば、あなたの冒険は行き詰まり、座礁《ざしょう》してしまうに違いありません。

早速、これらの原則の勉強に入り、あなたの会社を激変させましょう！

原則1：リーダーシップ（信頼を作る）

社会から信頼が消えた

国民は誰を信頼するでしょうか？　社会の信頼が歴史的な最低ラインを更新し続けています。自分の気持ちの上でも、この事実を確認してみましょう。

あなたは政府を信頼しているでしょうか？　政府は本当にあなたの利益・あなたの幸せを考えて行動していると思うのでしょうか？

学校の先生たちはどうでしょうか？　正しいことだけを教えていると思うのでしょうか？

マスコミを信頼しているでしょうか？　あなたの利益を考え、正しい情報だけを発信していると思うのでしょうか？

企業経営者たちはどうでしょうか？　顧客や従業員の幸せ・顧客の安全・自然環境の保全などを考えて行動していると思うでしょうか？　商品についての情報を偽ることはないでしょうか？

銀行や金融機関はどうでしょうか？　必要以上の手数料を徴収していることはないのでしょうか？

医師や病院はどうでしょうか？　いらない薬を処方することはないのでしょうか？

あなたが、本当に信頼している相手は誰でしょうか？

信頼は、社会の資本であり、社会におけるあらゆる活動の生産性に影響を与えます。

・信頼度が高いと、物事はスムーズに捗《はかど》る
・契約書はなくてもいい、あるいは簡単なもので済む
・店における警備員や監視カメラはいらない
・管理・監視・監査、こういったものは省いていける
・組合などの必要性がなくなる
・大きな問題でも、簡単な話し合いで済む
・コミュニケーションのスピードも速い

ありとあらゆる場面に影響を及ぼします。

私の親友のスティーブン・M・R・コヴィー（コヴィー博士の長男）は、「低い信頼はすべての取引に課せられる税金のようなものだ」と言っています。しかし、「信頼度が高い場合、これは配当金になる」と言います。まさに、その通りなのでしょう。

最近の欧米の調査結果が、西洋の現代社会における信頼問題の大きさを見事に表しています。

経営陣を信頼する従業員は、半分以下になっています。そして、CEO・社長が信頼できる情報源だと答えている従業員は、たったの28％に留まっています。

政治家を信頼している人は、アメリカでは25％しかいないし、欧州でも43％しかいません。また、スペインやイタリアの場合では、16％という、民主主義そのものを危機に晒《さら》してしまう値になっています。

マスコミを信頼するのは、欧米共に40％程度。テレビのニュースや新聞を見て、その情報が当てにならないからといって、SNSなどというさらに信憑《しんぴょう》性のない情報源に頼り、社会の土台を揺るがしているし、悪意のある情報操作が容易にできるようになっています。

その中で、唯一高い信頼を得ているのは、軍組織なのです！　これでは、社会がどうなってしまうのでしょうか？

顧客からの信頼、従業員からの信頼、銀行からの信頼、株主からの信頼、規制当局からの信頼、周りのコミュニティからの信頼、これらさえ勝ち取れば、企業の成功は間違いなしと言っても良いのでしょう。

どうしたらそれができるのでしょうか？

その答えは、第一の原則である、リーダーシップを発揮するということです。

逆さまのピラミッドという新しい組織図

会社の組織図を見たことがあるでしょうか？　あるいは、CEO・経営者として、組織図というものを自分で作成したことがあるでしょうか？

大概の企業の組織図は同じ形になっています。それは、ピラミッドになっており、頂点にCEO・最高経営責任者が座しています。その下には、取締役会、事業部長、部長、課長、そしてピラミッドの下部には、ラインの従業員・平社員と続く。

この従来の組織体制では、どういう現象が起こるでしょうか？　少し考えてみましょう。

まず、ラインの従業員は毎日誰を見て仕事をするのでしょうか？　それは、自分の人事考課・ボーナス・昇進の鍵を握る課長たち。課長を喜ばすために必死なのでしょう。

課長たちは、部長たちを見る。部長たちは、事業部長たちを見る。事業部長たちは、取締役たちに評価してもらうために頑張るし、取締役たちは、社長のご機嫌取りで大忙し。

そして、社長は誰を見るかと言えば、それは株主を見るのです。株価を上げて、株主を喜ばすことに躍起になっています。

そこで、問題。顧客を見ているのは誰でしょうか？　そう！　誰もいません!!!

従来の組織図

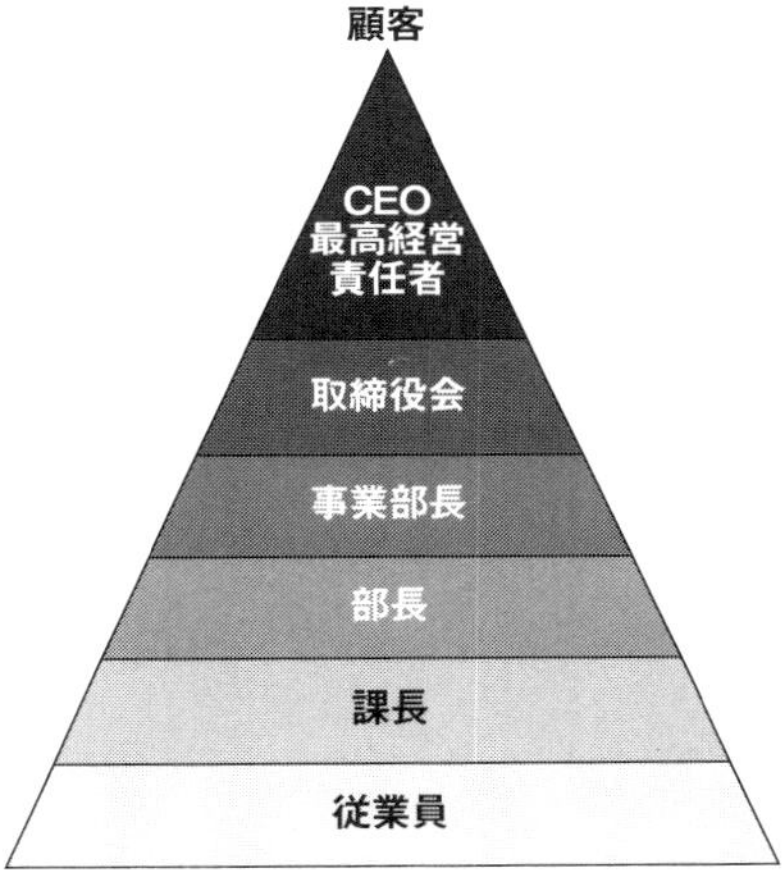

みんな内部の問題で忙しい。そして、顧客が二の次、三の次になってしまうのです。

もうひとつ考えていただきたい。この組織体制のいったいどこにリーダーシップというものがあるでしょうか？　そう！　どこにもありません!!!　これでは、リーダーシップ不在なのです。みんなは、上のリーダーを仰ぎ見るが、結局リーダーシップを発揮してもらえないのがオチです。

そこで、どうすればいいのでしょうか？　簡単です。この組織図を逆さまにすれば良いのです。一番下にＣＥＯ・経営者のあなた。その上に取締役会や事業部長たち。その上には、部長と課長たち。さらに上には、ラインの従業員たち。そして、最高峰に顧客を位置づけます。

この逆さまのピラミッドにすれば、どうなるでしょうか？　ＣＥＯは毎日、執行役員を見て、サポートしようとします。役員は部長たちを支え、部長たちは課長たちを応援します。課長たちは従業員を見て、彼らの作業が円滑に運ぶように支えます。そして、従業員たちは、完全にサポートされた体

新しい組織図

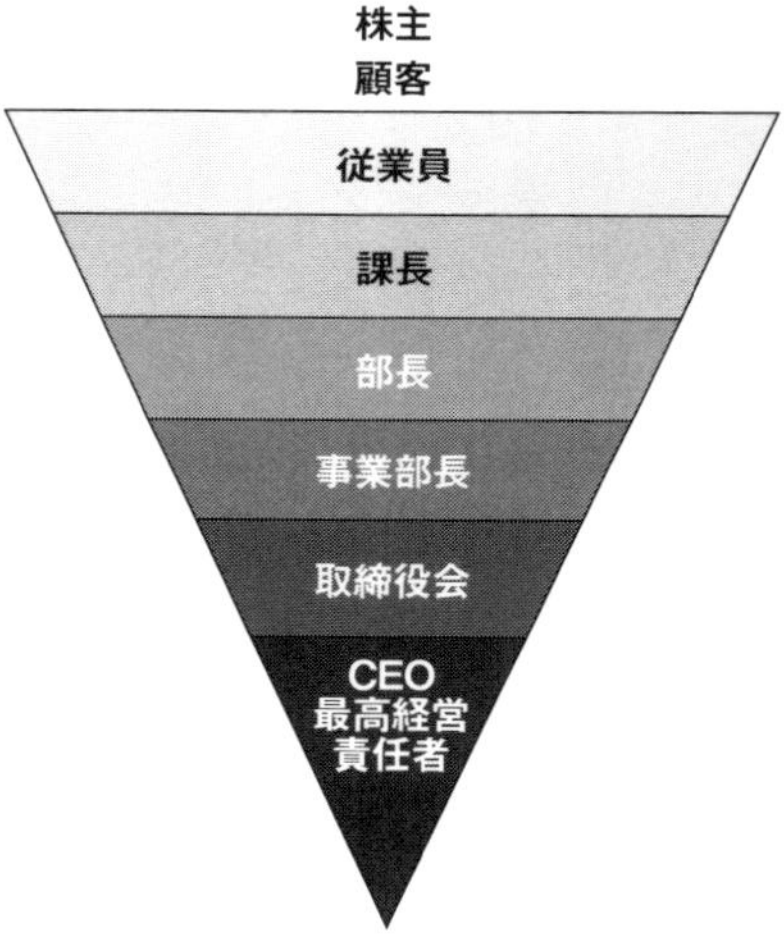

制の中で顧客のニーズを満たすことに集中できるのです！　画期的なシステムなのです。そして、その鍵は単純明快そのもの。あなたは僕《しもべ》になり、部下に仕えるリーダーになればいいのです。

イエス・キリストは、こう表現しました。「あなた方の知っているとおり、異邦人の支配者たちは、その民を治め、また偉い人たちは、その民の上に権力をふるっている。しかし、あなた方の間では、そうであってはなりません。却って、あなた方の間で偉くなりたいと思う者は、仕える人となり、あなた方の間でかしらになりたいと思う者は、僕《しもべ》とならねばなりません」。

２０００年もの間、この原則は変わらないのです！

そこで、あなたは不思議に思うことでしょう。いったい誰が株主を見るのでしょうか？？？

確かに一見、株主がないがしろにされている組織体制に見えるかもしれません。しかし、そうではありません。

よくよく考えてごらんなさい。そもそも、株主の面倒を見ることができるのは誰か？

※この逆さまピラミッドのインスピレーションについて、先輩のロイス・クルーガーに感謝します。

従業員には無理です。マネジャーたちもできません。ＣＥＯのあなたでさえできない相談ではありませんか！

そう、株主の面倒を唯一見ることができるのは、顧客たちなのです！　顧客たちが満足し、良い商品とサービスを得られれば、初めて売上が伸び、利益を計上できるのです!!!

従業員のストレスを解消すれば、即成功！

そこで、どのように従業員をサポートすれば良いのでしょうか？　組織内のリーダーシップの真髄《しんずい》は何なのでしょうか？

それは、また簡単なことです。常に職場の中で、次に掲げる５つの質問をすれば良いのです。

この質問をし、その答えを出すことにより、リーダーは従業員のストレスとフラストレーションを解消することができます。仕事を成し遂げる上での障害を取り除くことができます。従業員の最大の能力・やる気・貢献を引き出すことができます。

私は、これらを「リーダーシップの５つの質問」と呼んでいます。順を追って見てみることにしましょう。

リーダーシップの5つの質問

1. まだ行われていない意思決定は何か？

どの職場でも同じ。従業員が最も大きなストレスとフラストレーションを感じているのは、まだ行われていない意思決定のことです！

方向性が出ないから、仕事に着手できません。ルールが決まらないから、行動ができません。予算が決まらないから、何もできません。

実を言うと、怠け者の従業員は意外と少ないのです。みんな頑張りたい。顧客を喜ばせたい。しかし、CEOやマネジャーたちが大切な意思決定を引き延ばしにしているため、それができないでいるのです。

さて、なぜ意思決定をそんなに引き延ばすのでしょうか？

それは、失敗することが怖いからです。責任を取ることを恐れているからです。やはり、リーダーは卑怯！　臆病！　そうなっているのです。

今日行われる間違った意思決定が、来週行われる正しい意思決定に勝る！　トヨタ自動車の哲学で言うならば、「100の理屈よりもひとつの失敗」というもの。

引き延ばしにしている意思決定をリストアップしましょう。自分の卑怯を認めましょう。そして、そのリストの中から、まず最も難しいもの、最も恐れているものをピックアップして、そこから決めていきましょう。間違ってもいい。決めて、実行し、結果を見れば良い。結果がダメなら、軌道修正をすれば良い。そして、決められないなら、リーダーを辞めればいいのです！

2．どういう道具・資源を必要としているか？

私のふたりのメンターが議論し合ったことを覚えています。

ひとりが切り出しました。

「働く人の生産性を高めるために最も大切なことは何か？」

もうひとりは、様々な回答を出し始めました。

「やはり、正しい原則を教えることでしょう」

「いや！　違う！」

キッパリと否定されました。

「じゃ、職場のコミュニケーションの改善でしょうか？」

「違う！」

「親切に接することでしょうか?」

「違う!」

「ミッションを明確にすることでしょうか?」

「違う!」

「じゃ、いったいなーに?」

「必要な道具を与えることだよ!」


インドの聖人が神様の意味を弟子たちに説明していました。そして、彼がこう言いました。

「神様は人間が作った道具ですよ」

そこで、弟子たちは、彼が神様を蔑《さげす》んでいると思い、怒りをあらわにしたのです。それを見て、その聖人が次の喩えを述べました。

「じゃ、私のアシュラム(修行施設)に来てごらんなさい。そこで、あなたに配管工事をさせましょう。しかし、あなたは、それをすべて手と口でやらなければなりません。3日後に、爪が取れ、歯が折れたとき、私はあなたにスパナという締め付けの工具を渡して差し上げましょう。あなたはそれを拝むに違いありません!」

賃金を引き上げる以上に、良い道具・工具・仕事を成し遂げるに必要な資源を与えることが人のやる気を高めることでしょう。そして、仕事の効率は間違いなく向上するのです。

3. 相手の成功と当方の成功をどのように結び付けるのか？

酬《むく》われる行動が定着します。

これがシステム論の最も基礎的な概念。

従業員の行動を見て、それを批判してはなりません。彼らが酬われる・評価されると思っていることをやっているまでのことです。

どうしたら相手の成功とこちらの成功を結び付けることができるでしょうか？

そのために、まず相手にどういう行動をとってほしいのでしょうか？　どういう成果・結果を出してほしいのでしょうか？　それを明確にしなければなりません。

そして、実際にその行動をとること、その成果を出すことに対して、どのようにして相手に酬いてあげるのかを考えます。

成果報酬は、そのひとつの形です。しかし、お金以外のものも考えたい。

職場の環境改善、仕事の自由度、道具の改善、認識、昇進・昇格、勲章などなど。

でも、お金も忘れてはなりません。アンドリュー・カーネギーが賢明にこう述べました。

「最終的に経済的動機が打ち勝つ」


その考えを受けて、私はいつも指導する経営者たちに聞くようにしています。

「あなたを大金持ちにすることにより、大金持ちになる人は何人くらいいますか?」

あなたを大金持ちにすることにより、自分も大金持ちになると思えば、みんなが必死に頑張ってくれるのではありませんか!


だから、千億長者の周りには、必ず億万長者がたくさんいます。

従業員のみならず、仕入先、提携先、販路、株主、銀行など、みんなにこの質問を向ければ、革命が起こるに違いありません。

＊さらにシステム論を知りたければ、ジェームスがそれを説明している講義を次のウェブページで無料視聴しましょう!

WWW.TWG.CEO

4．どのように相手に対してさらに大きな認識と感謝を与えることができるのか？

企業で現場調査を行うと、面白い現象が見えます。

マネジャーたちに尋ねます。

「あなたは、どのくらい従業員に対して、感謝と認識を表現していますか？」

すると、「頻繁《ひんぱん》にやっているよ」と答えるマネジャーがほとんどです。次は、従業員たちに聞きます。

「あなたは、どのくらいマネジャーから、感謝と認識を表現されていますか？」

「ほとんどないね」と答える従業員が圧倒的に多いのです。

この認識のギャップを埋めることは、あなたのリーダーシップ次第です。

5．どうすれば相手がこの活動の意味と意義を理解できるようになるのか？

経済的なニーズに打ち勝てるものはひとつしかありません。それは、意味と意義に関するニーズ。

あなたに仕事のオファーを出したとしましょう。この仕事を引き受ければ、毎年1億円の収入が得られます。良い道具も与えられます。良い仲間と一緒に仕事ができます。世界クラスの水準を追求しながら働けます。

そうとなったら、素晴らしいと思うに違いありません。「ぜひ、やりたいです！」と答える人が多いはずです。

しかし、ちょっと待ってください。その仕事の中身は何でしょうか?

それは、毎日、午前中に地面に深い穴を掘り、午後にその穴をまた埋め尽くすことです。そして、それを22歳の大学卒業の直後から65歳の定年退職の日まで、毎日繰り返さなければなりません。

そうとなったら、断らない人は、いないはずです。引き受けてしまったら、自分の人生をないがしろにしている、自己価値ゼロの人間だと言われても仕方がありません。

人間は、自分のやることに意味と意義を見出したいものです。貢献したいのです。人の役に立ちたいのです。


次に、別の仕事を紹介しましょう。

この仕事は、ギリギリ食べていける程度の給与しかもらえません。労働環境がキツい。寂しさも伴います。

肉体的な痛みもあります。批判もされます。虐《いじ》めにも遭います。

嫌だと思うかもしれません。

しかし、この仕事をすることで、世界が救われるとわかったらどうなるでしょうか?

喜んで引き受ける人も多いのではないでしょうか? そして、能力のある、自己価値の高い人間であればあるほどに、絶対にこういう仕事に携わりたいと思うのです。

あるとき、友人の医師が勤めている病院の近くのホテルでセミナーを開催していました。夜中に、セミナーが終わってから、その先生が私に会いに来ました。しばらく話をして、友人が言いました。「集中治療室に戻らなければなりません」

夜中でした。そして、その人は、本当に長時間勤務しており、家に帰る時間すらほとんどないとわかっていたから、私は言いました。

「大変ですね！」

その友人が答えました。

「でも、人の命を救っているのです」

あなたの会社の仕事は、どのように世界を救っているのでしょうか？　どのように人々を幸せにしているのでしょうか？　どのように顧客の生活に貢献しているのでしょうか？

そして、従業員はみんな、それを意識する機会がどのくらい与えられているのでしょうか？

無能は超能力!!!

リーダーをイメージすると、力強く、何でもできる、スーパーマンを想像するかもしれません。しかしその認識は間違っています。

CEOは馬鹿くらいでちょうど良い。なぜなら、リーダーは他人の能力を引き出し、彼らを成功させ、彼らの最高の結果を引き出す人だからです。

あまりできてしまう人だと、自分でやろうとします。

「自分でやったほうが早い!」

「自分でやらないと、いい結果が出ない」

こういう発言をしてしまうのです。

そこで、私は言いたい。無能は超能力です!

自分でできないと、人に頼ります。相手にやってもらいます。すると、その人も育つのです。これこそが経営なのです!

師匠のお城に缶詰になっている間、毎晩偉人の人生を集約した映像を観せられます。そして、その偉人の特徴、その人から学ぶべきものは何かを翌朝に議論します。そこで、とても興味深いことに気づきました。

どの偉大な経営者を見てみても、その分野で最も詳しいという人物がいないのです。むしろ、無能な人たちのオンパレード！

凡人が偉業を成し遂げるという真実

自分の周りにある物を観察してごらん。高層ビル・携帯電話・自動車・飛行機・テレビ……　たくさん例はありますが、このいずれも平凡な人たちによって作られているという事実にご注目ください。やる自由さえ与えれば、凡人が偉業を成し遂げることが常です。

ガンジーやキリストなどの偉人の言葉を調べると、いつも同じセリフが出てきます。

「あなた方は私のやった以上の業を成し遂げることができるはずです」

なんたる素晴らしいリーダーシップなのでしょう。謙虚でなければ、リーダーにはなり得ないのです。

なぜなら、この謙虚さがないと、相手を自分以下のレベルに抑えておこうとするからです。

委任できないのは、単なる自己重要感

委任できない経営者は多いです。

だから忙しい毎日を過ごしています。

しかし、これは単なる自己重要感ではありませんか?


よく思い出すことがあります。

私が独立したばかりで、小さな会社を経営していたときのことです。

当時は、悪い意味でのワンマン。全部、自分でやろうとしていました。

「俺が決める」

「おまえらには無理」

「すべて俺の言う通りにせい!」

そんなことを叫ぶ毎日でした。


そんなあるとき、私は豪華客船で行われる洋上研修のインストラクターを頼まれました。客船に乗ったことがないし、華やかで良いと思い、その仕事をワクワクしながら引き受けました。

問題はひとつ。14日間会社を空けることになるし、航海中は一切連絡がつかないということでした。

そのことを心配しながら、乗船しました。

会社と連絡がとれないまま、7日間が過ぎていき、やがて香港に上陸し、近くのホテルに急ぎ、社に電話を入れました。

従業員が電話口に出て、私の声を確認すると、

「あんたと話している暇はないよ！」

と叫び、そのまま電話を切られてしまいました。私は愕然《がくぜん》としました。

2週間の船旅を終えて、会社に戻ると、従業員たちは、みんな成長していました。自分たちで何でも意思決定ができるようになっていました。私がいなければならない理由は、何もなかったのです。

人間はすごい！　いざというときは、やるものだ!!!


そこで、あなたにつかぬことを伺っておきましょう。

あなたが生まれる前に会社というものは世の中にあったのでしょうか？　もちろんありました。

その中で大成功している企業はあったのでしょうか？　もちろんありました。

そして、あなたがいなくなったあとも、世の中に会社というものはあるのでしょうか？　もちろんあるでしょう。

その中で大成功をし、大きな利益を上げる企業はあるのでしょうか？　もちろんあるでしょう。となれば？　そう、あなたはいらないのです！　まったくいらぬ存在なのです。あなたがいなくても、地球はちゃんと回転し続けるのです。

自己重要感を捨てましょう。人に委任しましょう。人の能力を信じ、それをさらに引き出すことに集中しましょう。

日本の歴史における最強のＣＥＯは、松下幸之助ではないでしょうか？　彼の経営の秘訣は、無能であることでした！

小学校を中退しています。だから、どの従業員を見ても、自分よりも有能に見えたのです。従業員は、みんな最低でも中学校を卒業しています。だから、彼らに頼らなければなりません。彼らの能力を信じなければなりません。

これこそがまさに最強ではありませんでしょうか！

御社のエンパワーメント予算

委任は英語で「Delegation」と言います。

それ以外に、英語では「Empowerment」（エンパワーメント）という言葉があります。これはどういう意味でしょうか？　それは相手に力を付与することを意味しています。

委任と言えば、相手は作業・仕事はするけれど、権限・権力がまだこちら側にあるというニュアンスが残ります。しかしエンパワーメントになると、権限・権力も相手に移ります。

そうすれば、すべてが変わります。意思決定を待つ必要はありません。現場で即意思決定を自分たちでできるのです。スピードが上がります。そして、あなたはより戦略的な課題について、考える自由が生まれます。

会社において、最も大切な権限は、予算を使う権限でしょう。この予算権というものを、どのくらい作業員・労働者・平社員に渡しているでしょうか？　従業員の一人ひとりは、どのくらいの予算決定権をもっているのでしょうか？

ほとんどの会社では、その答えはゼロなのでしょう……

早速、それを変えましょう。従業員ひとり当たりの、いつでも上司に相談せずに、現場の問題を解決するために使っても良い予算の金額を明確にしましょう。そして、それを従業員たちに通知しましょう。

この予算を使うことを褒めることがあっても、叱ってはいけません。相手の権限でやることです。もちろん、使ったあとに報告してもらっても良い。そして、その使い方について話し合い、今後の参考に、もっと賢明な使い方などを教育しても良いのです。しかし、叱ってはいけません。

そうすれば、現場で奇跡が起こります。

あるとき、私のセミナー会場で大問題が発生しました。受講者のひとりがスタッフのところにやって来て、激しいクレームをぶつけました。セミナー会場では、お客様に水のボトルを配布していますが、水がなくなると、補給できるように大きなタンクを設置しています。そこで、そのお客様は、水を補給したとき、自分のボトルに異物が入ったと言うのです。そして、見てみると、なるほど確かにボトルの底には、黒っぽい異物がはっきりと見えます。

これは人間の口に入れるものだから、大問題であることは間違いありません。スタッフは、お客様に深く謝り、ボトルを新しい物と交換し、水のタンクを早速清掃し、殺菌しました。ここまでは、当たり前の対応と言えましょう。そこからが問題なのです。

翌日のことです。そのスタッフの方は、休憩のときに、お客様の席に行き、こう切り出しました。

「先日は、本当に申し訳ありませんでした。その後、私は心配になり、お客様のボトルを検査機関に持って行きました。そして、念のために異物の中身を調べてもらいました。すると、ブルーベリーだったようです。一応心配だろうと思って、お伝えしようと思いまして……」

お客様の顔がブルーベリーに負けないほど、真っ青になりました。そのお客様は、日頃からブルーベリーのサプリを飲んでいたのです。そして、サプリを摂るとき、明らかに自分の口からボトルに移してしまったのです。

これは、このスタッフが誰にも相談せずにやった行為です。もちろん、命令もされていなければ、指示もされていません。マネジャーや管理職に問いかけてもいません。自分の権限で、必要だと思ったことを行動に移したまでです。

その権限が許されているからこそできることなのです！　そのお客様は会社の経営者であり、深く考えさせられたそうです。

「自分の従業員たちは、ここまでの対応を果たしてするでしょうか？　絶対にここまでの行動はしないよな」と。そう思って、当社の経営指導を申し込んだのです。

従業員の予算権を引き上げましょう！

その仕事は無理!!!

リーダーシップを発揮し、従業員の最大の力を引き出す上で、もうひとつ大切なことは、そもそも無理な仕事を作らないということです。

ある仕事・ポストが会社にあるとします。

そして、ある従業員がそのポストに就きます。しかし、うまくいきません。その人を配属替えさせるなり、解雇するなりして、対処したとします。そして、新しい人がそのポストに就きます。しかし、その人もうまくいきません……

こうなったら、後任を探してはいけません。人に問題があるのではありません。その仕事の設計そのものに問題があるのです！

有名な経営コンサルタントのピーター・ドラッカーがこういうポスト・仕事を「man killer＝人殺し仕事」と呼んでいます。やっている従業員が悪いのではなく、その仕事を設計した人間が悪いのです。

その仕事を複数のポストに分散させる、無くす、自動化させる、外注させる。とにかく3人目の従業員を殺してはならないのです。

かぶる帽子をはっきりさせよう！

私は映画好きで、今までかなりの本数を観ています。その中でも、大好きな作品のひとつに、黒澤明の『影武者』という名作があります。

この映画の中で、武田信玄が徳川家康の城を攻撃しているとき、鉄砲で撃たれて、死去します。そこで、武田信玄が死んでいるとなると、軍が総崩れになってしまうだろうと、重臣たちが心配して信玄にそっくりの、泥棒で捕まっている犯罪者を影武者に立てることに決めます。

あるとき、この影武者が閣老会議に出席しなければならなくなります。これはさすがに無理だろう、必ずバレる、話し始めれば偽物だとすぐわかる。そう言い出すと、ある重臣が良い知恵を打ち出します。その趣旨は、「何も言うな、うなるだけで良い。そして、みんなの意見が出尽くしたとき、最後に一言だけ〝大儀であった！〟と言って、その場を去れば良い」と言うのです。

これは、見事にCEOに要求されるコミュニケーション術を表しているのだと思います。

社長の一言は重い。自分の意見を先に述べてしまうと、議論がそこで終わってしまうのです。

みんなの意見を十分に聞いた上で、そこから自分の意見を述べたり、意思決定をしたりしても遅くはない。

それでは、トップ経営者・役員会周りでの成熟したコミュニケーションの秘訣をぜひ紹介させていただきたい。そして、あなたがCEOとして、これを役員会や戦略会議において、みんなに徹底させるように強く勧めたい。

それは、かぶっている帽子をはっきりさせてから発言をするということです。

日本語には「立場」という単語がありますが、それは立っている場によって、立場が違うという重要な意味をもっているものです。従って、自分の立場を明確にしてから、発言すべきです。

例えば、こうです。

「マーケティングの立場から言えば……」

この一言を挟んでから、意見を述べるということです。

財務から見れば、違うのかもしれません。製造も別の意見をもっていることでしょう。法務も言い分が違います。それぞれの立場によって、意見が違っていて当たり前。

この簡単な言葉を挟むだけで、この至って単純な工夫をするだけで、大きな奇跡が起こります。相手は、「こうだ！」と言っていないのです。ひとつの観点を述べているだけです。従って、反発する必要はないのです！ なるほど、この人の立っているところからはそう見えるよね、と。

そうすると、お互いの意見・立場をよく聞けるようになります。そして、自分の言葉についても、これは最終的結論ではなく、その結論を出す上で、ひとつの検討していただきたい情報・参考材料だという謙虚さをもって語れるようになります。

「法的コンプライアンスの観点から見れば……」
「営業部の立場で言うと……」
「財務の状況からすれば……」
「ＩＴ部門の考え方では……」

このそれぞれの意見のすべてをよくよく聞いた上で、ＣＥＯのあなたが、「大儀であった。大切なことをたくさん教えていただき、ありがとう。それでは、こうしておこう」と結論を出すことができます。

「今回の決定は、営業部と財務に少しシワ寄せがくることになるが、当社全体にとって、これが最良だと思うから、今回は少し頑張ってくれ給《たま》え」と、このように続く。

これは、最も効果的で、最強の経営陣の会話のあり方なのです。

模範を示すという真のリーダーの姿

25歳のときでした。私は、経営コンサルタントに成り立てホヤホヤ、ピカピカの1年生でした。そのとき、高知県の鉄工所の工場診断に呼ばれました。

少し考えてみていただきたい。高知県に所在する鉄工所となれば、従業員の平均年齢は当時でもかなり高い。みんなが技術者。バリバリの職人気質《かたぎ》。25歳の東京から出てきたスーツ野郎の外国人の話を聞くはずはありません。どうすればいいのでしょうか？

話を聞いてもらえないなら、最初から話さないことに限る。私は一言も言わずにこの工場の生産性を引き上げることに決めました。

私は静かに、できる限りみんなの作業の邪魔にならないように、工場の現場に入り込み、観察しました。そして、統計的手法を用いて、実際にどんな作業が行われているのか、データを取り、集計しました。

正味作業（実際に商品に価値を付加する本来の仕事）、付随作業、運搬、工具探し、無駄な会話などなど、そのそれぞれの割合を計算しました。

すると、その中から、興味深いデータがひとつ飛び出しました。この工場で働く全工員の労働時間の5%が工具探しに費やされているのでした。

この5%の時間というのは、小さなことのように聞こえるかもしれないが、工場で作業効率を5%も引き上げるためにどれほど骨を折ることか！　そして、5%ものコストダウンになれば、これは即競合優位の条件になります。

そこで、私は作業服に着替え、何も言わずに、黙々とその工場を掃除し始めました。散らかっている物を片づけたり、使っていない工具の置く場所を用意し、そしてカゲ（それぞれの工具の形を描いた釘かけボード）も作りました。

最初の2日間は、みんなに笑われるだけでした。

「この東京から出てきた変な外国人は何しておる？」

「おいおい、スーツ野郎が作業服を着ていやがるじゃないか……」

しかし、2日も経てば、工場で働くパートのおばさんたちが黙っていません。さも、誰か余所の人間が自分の家にやって来て、「掃除機を貸してください、リビングルームを掃除しますから」、と言われているようなもの。

そして、彼女らも、一緒に工場の掃除を手伝い始めました。

次の日、工場長が事務室から出てきて、手を貸し始めました。上司がやっていると格好悪いからと、次の日から職人全員も加わり、1週間も経過しないうちに、その工場がピカピカになり、工具探しという無駄な作業がすべてなくなり、5％もの作業時間の節約を実現しました。

そして、それはすべて、一言も言葉を発せずにできたことであるのです。

模範に勝るリーダーシップはありません。


ザ・リッツ・カールトン大阪がオープンする前に、東京の麹町《こうじまち》にあった準備室を訪問する機会がありました。そこで社長と会談しているとき、宅配便が届きました。すると社長自らが立ち上がり、玄関に行き、その配達員に応対しました。伝票にサインして、荷物を受け取り、こう言いました。「暑い中、配達ありがとうございます。お座りになって、お茶でもいかがですか？」


それを横で聞いていた従業員たちは、いったいどう思ったのでしょうか？

「配達員に対してすらこのくらいのサービスなら、お金を払って、泊まりに来てくださるお客様に対して、いったいどのくらいのサービス精神で接すれば良いのでしょうか？」

そして、ホテルはオープンした6ヶ月後に、日本全国ナンバーワンのホテルに選ばれたのです。


しかし、それは何の不思議もありません。

あなたは、従業員に対する模範を示すために、どうすれば良いのでしょうか？

原則2：イノベーション（顧客を満足させる）

競合優位条件が見えない

物余りの時代と呼ばれる現代。
高度情報化社会でもあります。

商品やサービスが溢《あふ》れ、どこの業者も似たような物を出しています。顧客からしてみれば、どれも大差がないように見えます。

昔は、Made in Japanでないと、安心して買えなかったことでしょう。しかし、今は、まったくそうは思いません。アメリカでも、中国でも、欧州でも、日本でも、どこでもそれなりの質の物が作れるようになっています。

そうとなれば、差別化要因・競合優位条件が見えなくなってしまいます。そして、最後に残る施策は、価格を引き下げるしかないのです。

価格を引き下げることは、顧客にとっては良いことでしょうが、経営者からしてみれば、これには限界があります。最終的に価格がゼロになってしまうからです。

昔から経営コンサルタントの間では、この価格競争の現象を「底に向けてのレース」と呼んでいます。最終的に破綻が待っているだけなのではないでしょうか？

価格を引き下げること以外に競合の術《すべ》を知らない経営者は、無知と言うほかありません。しかし、いったいどうすれば、顧客たちが喜んで、より高い価格、プレミアムを払ってくれるような商品やサービスを開発することができるでしょうか？

起業家精神を本当に教えていいのか？

ピーター・ドラッカーが次のように表現しています。「ビジネスの目的は顧客を作り出すことであるから、ビジネス組織にたったふたつの基本的な機能がある。それはマーケティングとイノベーション。マーケティングとイノベーションのみが結果を出す。残りの活動は単なる経費でしかない！」

イノベーションが差別化要因を作ります。イノベーションが高い利益水準を可能にします。イノベーションが顧客を虜《とりこ》にします。イノベーションがまったく新しい業界・業態・産業を誕生させます。

しかし、このイノベーションの具体的なやり方は、ほとんどの人が知りません。これから、そのやり方について考えましょう。

まずは、その「やり方」を勉強する前に、その「あり方」、イノベーションを可能にするマインドセットについて考えてみることにしましょう。

数年前、私はシンガポールで、教育者たちの会合での講演に呼ばれました。題目は、「起業家精神のある子供たちの育て方」でした。会場に入ると、2000名近くもの教育者たちが集《つど》っていました。シンガポールの教育界の中心を成す全員と言っても良いでしょう。

そこで、私は切り出しました。

「起業家精神のある子供たちの育て方を講義するように頼まれました。そして、ご要望とあれば、もちろんそれを教えます。しかし、その前に質問しなければならないことがあります。このシンガポールの国では、果たして起業家精神のある子供たちを育てても良いのでしょうか？」

部屋は一瞬にして呆然《ぼうぜん》とした空気に包まれました。

続けて、説明しました。

「起業家精神というものは、既存のものがすべてダメだという精神です。

最も素晴らしいと思われる大企業はまったくダメだ！　私はもっと良い会社を作れるはずだ!!!

そう思うからこそ、起業をするというわけです。最も高評価を受けている商品はまったくダメではないか！　私はもっと良いものを作れるはずだ!!!　そう思うからこそ、起業をするというわけです。

既存の権威が正しいのではありません。私の方が正しい!!! そう思えるようになって初めて起業家になれるのです。

もちろん、子供たちにそういう精神を植え付けることはできます。しかし、そうしたところで、その子供たちがどういう起業家になるのか、どういうイノベーションに乗り出すかは、事前に予測することができません。

めでたく、ビジネス界における起業家となり、新しい産業・業態・業界を作り出してくれるのかもしれません。

しかし、そうではなく、宗教の革新を起こすのかもしれません。キリストやお釈迦様は何だそれ!? 私はもっと素晴らしい宗教が作れるに違いありません!!! と、そう思って、今までの宗教界を覆《くつがえ》すのかもしれません。

あるいは、今までの政治・政党は何だあれ!? と、そう思って、今までの国のあり方を覆すのかもしれません。それでも良いなら、その精神の教育の仕方をお伝えします」

これがイノベーションの鍵なのです。今の世の中はダメだと思うことです。不満足の目で世界を見ることです。

権威が間違っている。偉い人が間違っている。大企業が間違っている。今の成功者たちが間違っている。この俺様の方が正しい。もっと良いやり方があるに違いない！　そして、そのもっと良いものをこの俺様が作ってあげるのだ!!!

世の中は、下手クソにできている!!!

そういう目で今の世界を見てみましょう。今の世の中は下手クソにできているのではありませんか!!!

グーグルは何なんだあれ!?　全然ダメじゃないか!!!　こんな下手クソなサーチエンジンは耐えられたものじゃない。表示してほしくない検索結果が二度と出てこないように設定する方法がない。いつ作成されたページなのかで検索を絞ることができない（更新歴で絞る方法をとっている）。私はWikipediaが大好きだと覚えてはくれない。いちいち〝Ｗｉｋｉ〟を入力しないと出てこない。企業のページだけに絞って検索できない。

言い始めれば、不満に切りがありません。

空港に行ったことがある？　こんなダメなシステムは、頑張っても作れないと思う。いったい何回パスポートを見せれば、飛行機に乗れるのか？　チェックイン、保安検査、出国、搭乗のとき、引っ掛かれば、再度保安検査……

マジかよ！

そもそも、パスポートそのものに文句を言いたい。なぜ、写真を載せるのか？　写真が入っていれば、写真のすり替えが可能になる。偽造が可能になる。写真のデータをデータベースに保管し、パスポートをスキャンするとき、審査官の端末に表示すればいいじゃないか!?

いや、そうではない。

今は、審査官よりも、ＡＩ（人工知能）の方が顔認証に長《た》けているから、歩いて通るだけで、顔を読み取り、その人のアイデンティティを確認し、パスポートそのものを廃止しても良いのではないか？

スーパーマーケットに行ったことがある？　今の食品表示ってないよね！

栄養素は1個あたり、1瓶あたりになったり、100グラム当たりになったり、数個あたりになったり、比較できるようになっていない。健康を大事にする人にとって無意味!!!　詐欺だよ!!!

どこに行っても、私の頭の中はこうです。そして、そのいずれもイノベーションの機会であり、新しい大企業・新しい産業を生み出すに足るものであるのです。あなたは世界を見て、下手クソにできていると思うものを一度リストアップしてみましょう。すぐ100個出なければおかしい。

既存の権威が提供してくれるものを鵜呑《うの》みにするのをやめましょう。

そうすれば、イノベーションが簡単になり、他社との差別化については悩まなくなるに違いありません。

将来に関する唯一のデータ

ビジネスにおける大鉄則がひとつあります。それは、生まれていない人は、あなたの商品やサービスを購入することができないということです。

ピーター・ドラッカーが以前に発した名言に「将来に関するデータがない」という言葉があります。しかし、彼は間違っています。将来に関するデータがひとつだけあるのです。それは人口曲線、または人口ピラミッドというものです！

去年生まれた子供の数以上に20年後に成人する子供はいません！　大きな戦争や疫病《えきびょう》が起こらない限り、これから中学生になる子供、高校生になる子供、結婚適齢期を迎える人、住宅を購入する年齢の人、子供を育てる年齢の人、定年退職をする人、亡くなる人の人数をすべて事前に、正確に予測することができます。そして、それをもって、伸びていく産業や衰退していく産業を事前に知ることができるのです！

それだけではありません。経済の発展と衰退、バブルなども予測できます!!!

人生における消費のピークはだいたい43歳の頃。収入も高く、会社では要職に就き、子供たちをもつ。それに伴って広い家が必要になります。それに見合った車も必要になります。別荘も買ったりします。バカンスにもそれなりのお金をかけます。

しかし、その年齢を過ぎると、消費が減り始めます。子供が家を出て、ひとり暮らしをし、子供にお金をかけなくなります。家族でバカンスに行かなくなります。体力も減ります。そして、やがて年金生活を送るようになり、ダウンサイジングを始めるのです。より狭い家に引っ越す。別荘を手放す。車を運転しなくなる。

その国で40代の半ばを迎える人口を見るだけで、経済の成長と衰退をかなり正確に予測できます。そして、それは数十年間も前もって予測できるのです!!!

あなたは、これからどこの国で商売をしたいと思うのでしょうか？　どの年齢層のお客様向けに？彼らに何を売りたいと思うのでしょうか？

これはマーケティングの基本中の基本であり、人口ピラミッドのグラフを常に携帯していない経営者、机に貼っていない経営者を愚者だと言いたい！

高潮がすべての船を持ち上げるのです。そして、この人口ピラミッドで突出した部分の大きな波に乗れば、下手なCEOでも、それなりの結果を出すことができるはずです。

人口の推移が、経済成長に最も大きなインパクトを与える要因です。しかし、どういうものが売れるかは、ひとりあたりの所得などの要因もあるから、そのデータもよくよく調べておきましょう。

各国の人口ピラミッド〈2016年〉

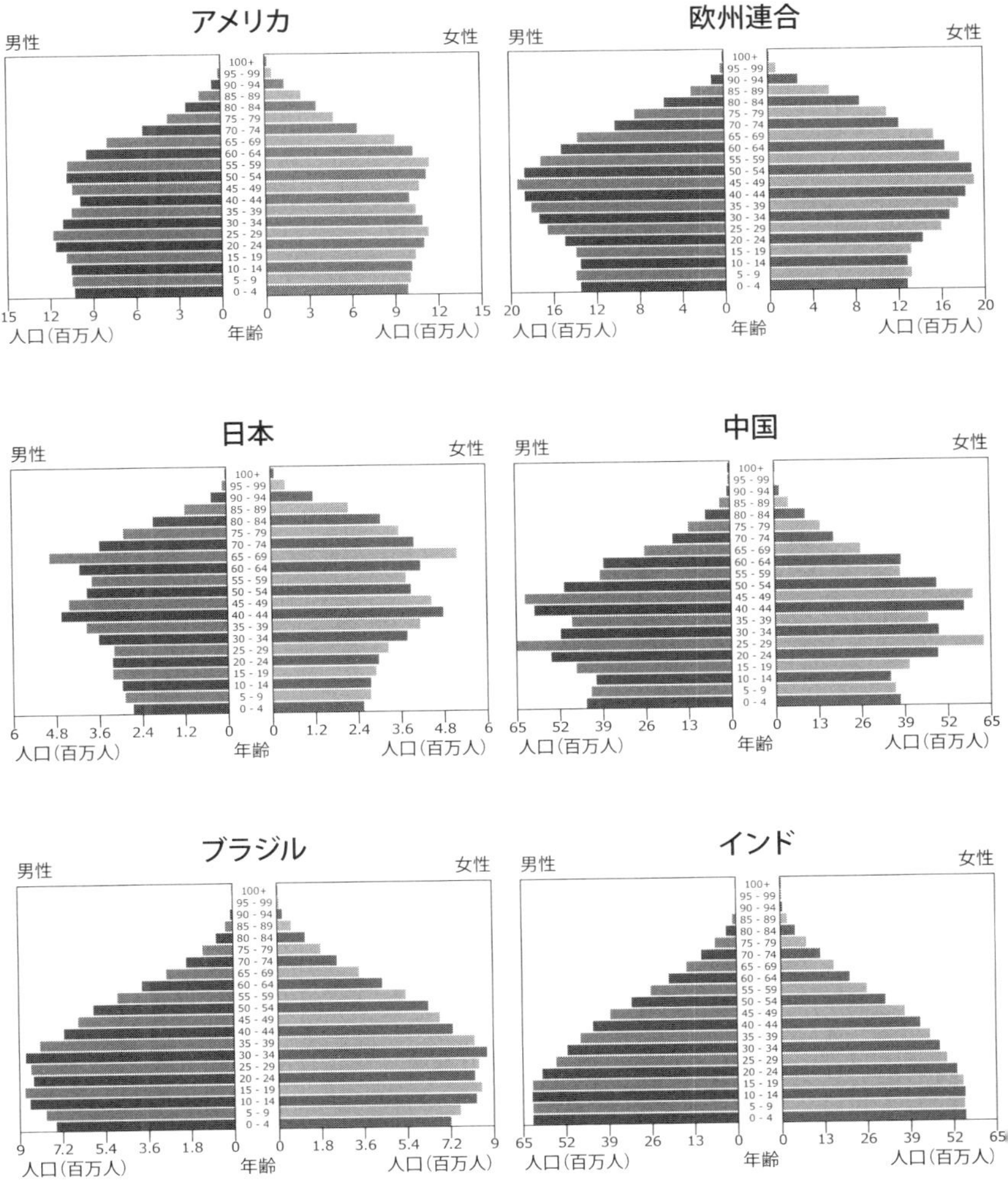

フィリピン

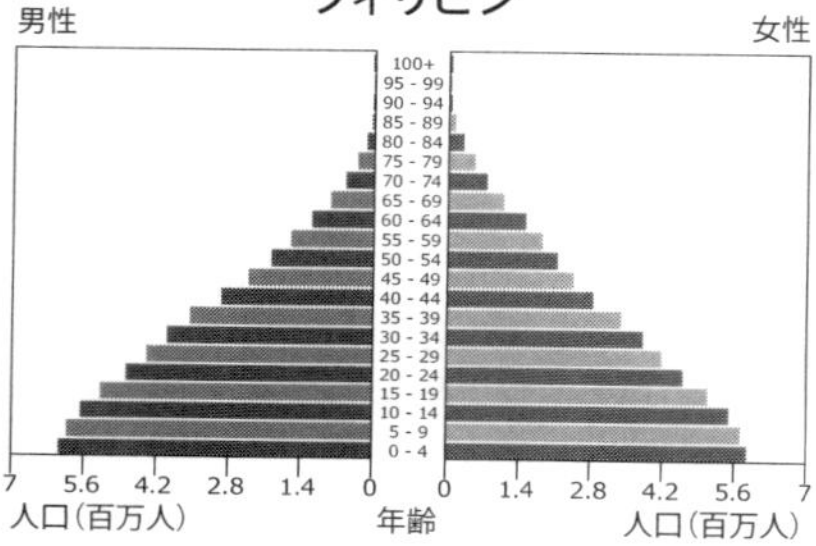

インドネシア

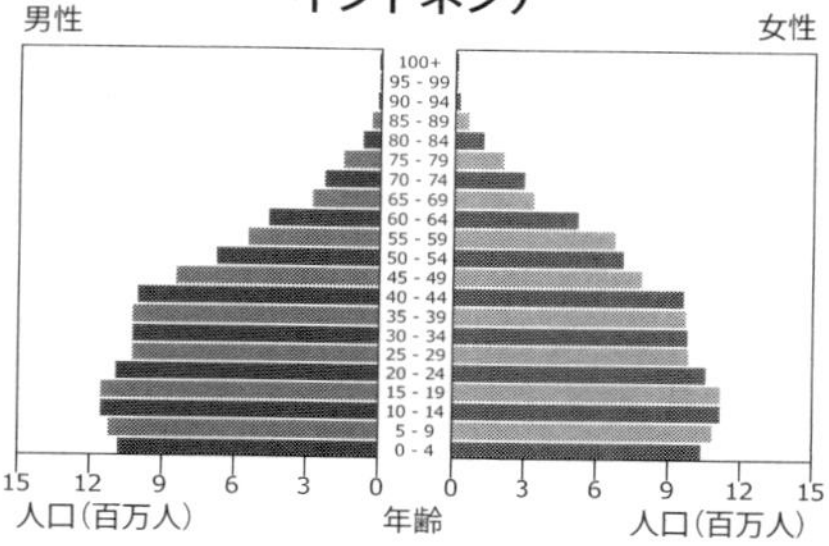

シンガポール

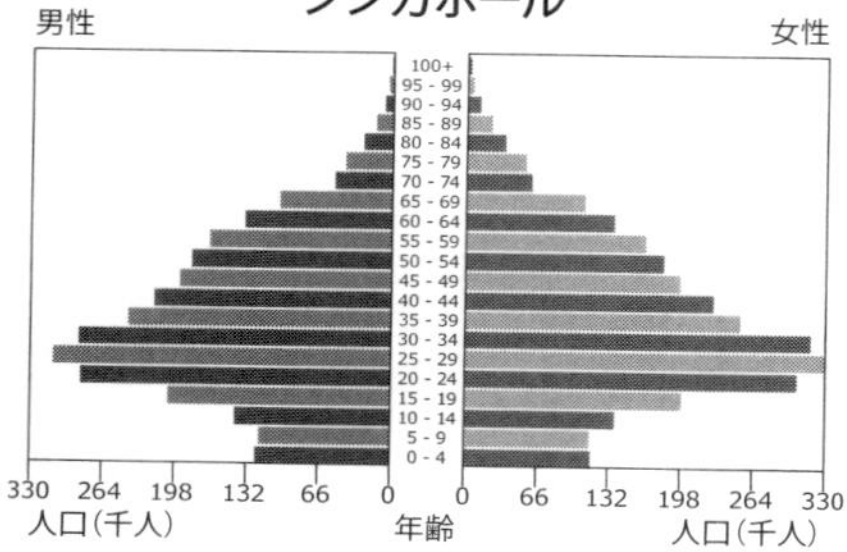

ベトナム

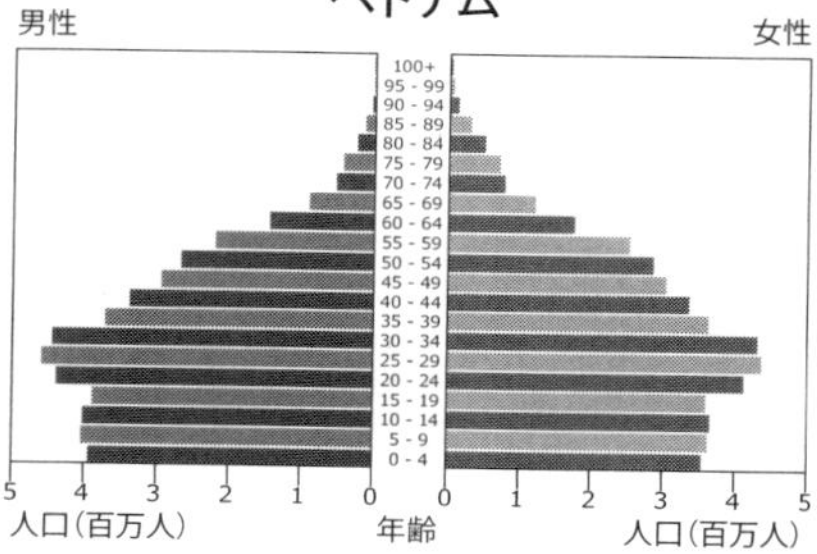

ロシア

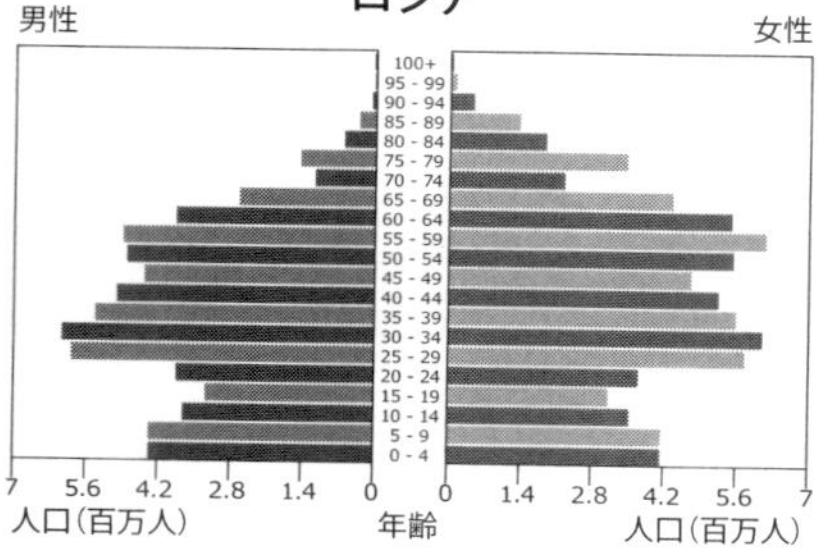

タイ

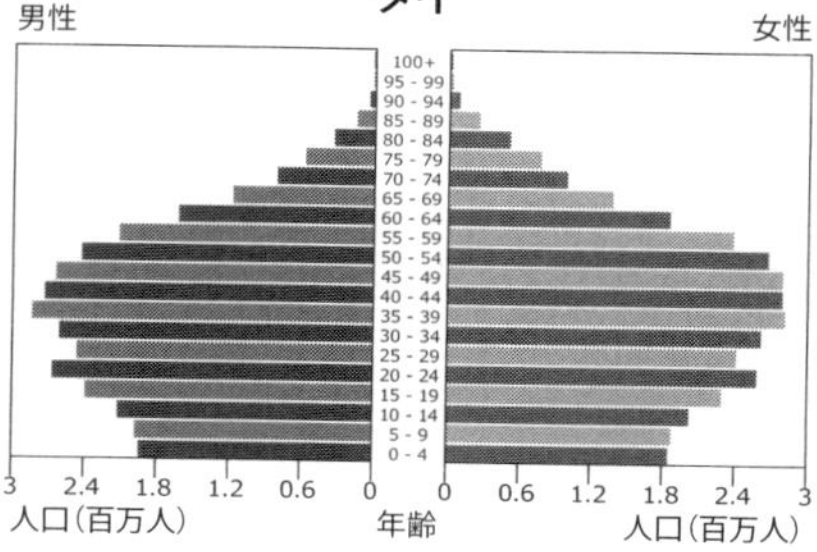

無限のテール

78億人の世界。インターネットの君臨《くんりん》。

このふたつの出来事が正しい会社経営に激変をもたらしました。そして最強の経営者は、これを理解しています。

またひとつのグラフを考えましょう。縦軸には、ある商品を買いたいと思う人たちの割合（パーセンテージ）。

次に、横軸には、それぞれの商品を並べていきます。左には、多くの人たちが買いたいと思う商品群を並べ、右には、買いたい人口のパーセンテージが低いものが続きます。

あなたは、このグラフのどの位置で商売を展開したいと考えるでしょうか？　左側でしょうか？　真ん中でしょうか？　右側でしょうか？

ほとんどの経営者は左側を指して、「ここがいい！」と答えるはずです。しかし、これは致命的な間違いなのです!!!

昔は、それが正解でした。国内だけの市場でしたし、デパ

無限のテール

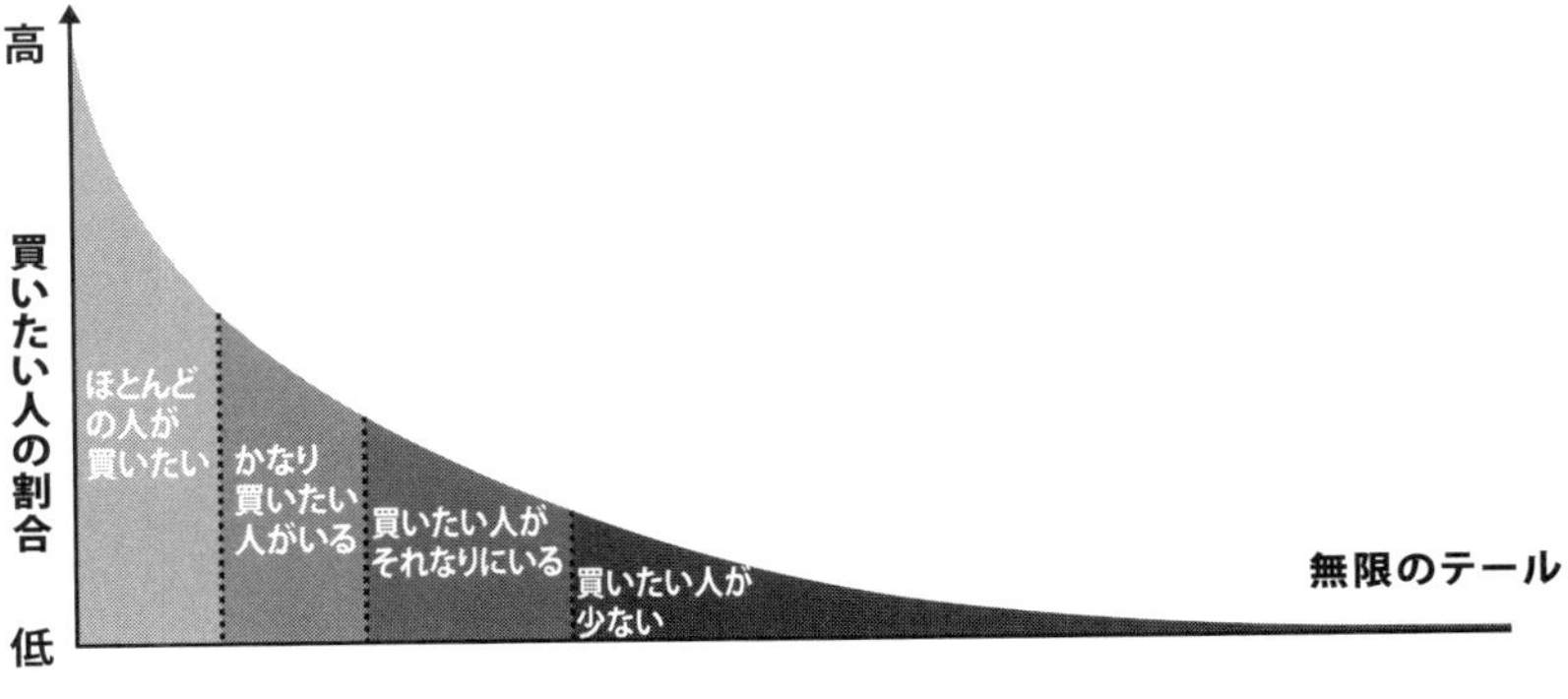

ートやスーパー、書店などはかなりローカル。いや、商店街が流通のメインだった時代はそんなに昔の話ではありません。

そのような環境下では、かなりの割合の人たちが買う商品でなければ、流通できません。

例えば、本を例にとってみれば、小さな書店で並べるものだから、その近所で読みたいという人が数名いなければ、現実問題として、本屋には置けないのです。あるいは、置いたとしても、すぐ返品されてしまうのです。

従って、せめて人口の数パーセントが望むような商品でなければ、流通できないし、売れないというわけです。

また、広告宣伝の仕方もそれに向いていました。民放のテレビ局は4~5局程度で、新聞も4大紙だけとなります。その主だったテレビ局と新聞社に広告の掲載を依頼すれば、全国の消費者に即時に自分のメッセージが届きます。その商品を知ってもらえるのです。

しかし、それを裏返せば、全国民に知らせることになるから、コストはそれだけかかるということでもあるのです。ですから、大きな市場のある商品でないと、コストを回収できません。

そこで、どうしても、この曲線の左側で勝負せざるを得ないのです。

そして、「General~」が君臨する時代になったのです。

General Motors ＝ 一般自動車株式会社

General Electric ＝ 一般電気製品株式会社
General Mills ＝ 一般穀類株式会社
しかし、その時代は見事に終わりました。

今は、右側が得なのです。いや、紙の右端を出て、さらに右へ行っても良いのではないでしょうか！

なぜそうなるのでしょうか？

見込み顧客の人口が78億人！ 国内だけでも、テレビ局数百局‼ インターネットの利用により、出品できる商品の数に限りはないのです‼ 商売の条件のすべてが変わったのです。大きな市場の小さなシェアを取る時代から、小さな市場の大きなシェアを取る時代になりました。

ひとつの実例を示していきましょう。鸚鵡（オウム）です。

オウムを飼っている人の人口密度は決して高くはありません。従って、地元の本屋に、オウムについての書籍は置かれづらい。置いても、なかなか売れず、すぐ返品になってしまうのです。しかし、全世界となれば、オウムを飼っている人はたくさんいます。78億人という数字の威力なのです！

アメリカだけでも、鳥をペットに飼っている人は、2000万人います。5分の1がオウムだとすれば、400万人。世界になると間違いなく1000万人以上いることは、容易に想定できるでしょう。

1000万人から1万円をもらうとなれば、1000億円になるではありませんか‼ すごくマイナーなものでも、膨大な市場なのです。

78億人の1％が7800万人。7800万人×1万円＝7800億円!!! 1000円で計算しても、780億円です。1％の人が望むような商品でも、まだ市場がでかすぎると言うべきなのです！

このグラフの右側が「尻尾＝テール」の形に見えます。それを指して、統計学では、ロングテールと呼び、2003年頃からクレイ・シャーキーとクリス・アンダーソンがこれをマーケティングに応用することを推奨してきました。しかし、今となっては、この尻尾が永遠に右へと続くので、「無限のテール」と呼びたい。

この無限のテールに注目した人はどうするでしょうか？　右を狙う。

ある若者が、これに注目して、オウムを飼っている人たちのことを考え始めました。彼らはどういうことに困っているでしょうか？　何を望んでいるでしょうか？　そんな簡単な質問をしました。すると、明確な答えが返ってきました。オウムに喋《しゃべ》ってほしい！

そこで、彼は、オウムに喋り方を教える教材をまとめました。そして、グーグル広告に登録しました。

「オウムに話し方を教える」

考えてみてください！　この広告は安い!!!　全国紙やテレビの広告と比較になりません。そして、ピンポイントでその商品を切望する人たちにメッセージが届くのです。

そこで、パンチの効いたコピーを書きました。

「今の教え方を続けるくらいなら、あなたの飼っているオウムのクチバシにテープを巻いた方がまだマシ!!!」

注文が殺到し、1日で億万長者になったのです！　これは実話であり、近代的経営を見事に表しているストーリーであり、最強です。需要曲線の尻尾は永遠に続き、限界がありません。

この現代の特徴を指して、有名経営コンサルタントのトム・ピーターズが「No more general!!!」と叫んでいます。一般大衆向けの商品、そういう発想をする企業は、もういりません。

対象者をもっと絞れ！　これがマーケティングとイノベーションというわけです。

DuhとWow!

良い商品には、ＤuhとＷｏｗというふたつの要素があります。説明しましょう。

※「Ｄｕｈ」は、「ダー」と発音します。

「Ｄｕｈ」とは、「そんなの当たり前だよ！」という意味です。

アメリカの子供がよく口にする言葉。

「地球は丸いんだよ！」

「Ｄｕｈ！」

Ｗｏｗというのは、「すごい！」という意味です。

「日本がワールドカップに優勝したんだよ！」

「Ｗｏｗ!!!」

そして、良い商品は、この両方を兼ね備えています。


「Ｄｕｈ」ができなければ、最初から話になりません。

車のキーを回すと、エンジンがかかります。「Ｄｕｈ！」

ホテルの部屋に入ると、清潔です。「Ｄｕｈ！」

注文すると、約束した期日に納品されます。「Ｄｕｈ！」

これらは、ごく当たり前であり、できなければ、クレームがくるし、いずれは顧客を失《な》くしてしまうことでしょう。

何が「Ｄｕｈ！」になるかは、クレームの中身、他社とのベンチマーキング、顧客のフィードバック、顧客の要望から知ることができます。

「Ｗｏｗ!!!」は、違います。

「Ｗｏｗ!!!」は、想定外です。

「Ｗｏｗ!!!」は、意外です。

「Ｗｏｗ!!!」は、顧客の想像を超えています。

ですから、

「Ｗｏｗ!!!」は、顧客の声から生まれることは稀です。

「Ｗｏｗ!!!」は、こちらのビジョン、夢、想像力から出てこなければなりません。

そして、

「Ｗｏｗ!!!」は、熱狂的なファンを作ります。

「Ｗｏｗ!!!」は、口コミを生み出します。

ｉＰｈｏｎｅを買うと、パソコンも、カメラも、ビデオカメラも、音声レコーダーもいらなくなる！

「Ｗｏｗ!!!」

ニューシーズンズ・マーケットというスーパーでは、購入する前から、食料品を食べても構いません。「Ｗｏｗ!!!」

ベルギーのホテルアミーゴに宿泊すると、枕元のチョコレートは、1個ではなく、16個なのです。

「Ｗｏｗ!!!」

「Ｄｕｈ！」をたくさん揃えるだけでも、「Ｗｏｗ!!!」になることがあります。当たり前のことが当たり前にできない競合相手ばかりであれば……

トヨタ自動車の長年の成功の秘訣はそこにあったように思います。トヨタの作る車に「Ｗｏｗ!!!」を感じたことはないが、「Ｄｕｈ！」はできているに違いないという安心感があるのです。


「Ｄｕｈ！」がなければ、顧客は叫ぶ！

「Ｄｕｈ！」があっても、何も言わない。

「Ｗｏｗ!!!」がなくても、何も言わない。

「Ｗｏｗ!!!」があれば、顧客は叫ぶ‼

顧客の気持ちに応えながらも、彼らを驚かし、「Ｗｏｗ!!!」と、叫んでもらいましょう。

そうすれば、最強なのです！


「Ｄｕｈ」はどこに注目すればいいのでしょうか？
1．商品の特性・基準（従来通り）
2．仕様（十分）
3．標準化・一貫性
4．対応（プロフェッショナル）

5. 情報提供
6. 効率・能率
7. 納品（オンタイム）
8. 価格（妥当）
9. サポート

こういうところなのでしょう。もちろん、こうしたものに「Ｗｏｗ!!!」を作り出すことはできるが、ほとんど、「Ｄｕｈ」の世界なのです。

逆に「Ｗｏｗ!!!」は、

1. 新しい機能性
2. 簡素化
3. 詳細・細かい神経
4. カスタマイズ
5. スピード
6. 美
7. 払ってくれる犠牲

8. 表現方法
9. 柔軟性
10. 愛！

こういうものに表れることが多いのです。

あなたの「Ｄｕｈ」は何でしょうか？　クリアしなければならない条件は何でしょうか？

あなたの「Ｗｏｗ!!!」は何でしょうか？　顧客の期待をはるかに超えて、彼らを驚かし、感動させ、喜ばせるものは何でしょうか？

ゼロベース思考

イノベーションの最も基礎的なところにはなりますが、いつでも今あるものをすべて放棄する用意が必要です。

そこで大切なのは、「ゼロベース思考」というものです。

これは、ひとつの質問なのです。

「現在、この商品・システム・やり方を導入していなければ、今更、それを作り、それを導入するでしょうか？」

そして、答えが「ノー」であれば、速やかにそれを廃止し、あるべき姿を作るというわけです。今の人事考課・昇格制度を導入していなければ、これは本当に最も良いシステムだと思うのでしょうか？ でなければ、今あるべきシステムは何でしょうか？ 今自社で工場を保有していなければ、自社工場をあえて今から作るでしょうか？ でなければ、その工場を売却できないものか？ この商品を販売していなければ、今から販売し出すでしょうか？ でなければ、今出すべき商品は何か？

過去にこだわることを止めましょう。今あるべき姿を作りましょう。

これ以上にイノベーションを加速させるものはありません。

競合の軸を変えるようにすれば、今日から1位になれる

さて、素早く、どんな競合にでも勝てるようなイノベーションを起こす方法があるでしょうか？

もちろんあります！ それは、競合の軸そのものを変えてしまうということです。

どの業界でも、その業界なりの「競合の軸」が確立されています。つまり、いくつかの次元・領域・中身で競争・競合を繰り広げているということです。

例えば、航空業界を例にとってみましょう。何をベースに競合しているのでしょうか？ 路線、価

格、座席の形、食事内容、エンターテインメント・システム、マイレージ・プログラム、こんな感じになっているでしょう。

そこで、言いたい。この競合には勝てないのです！　頑張ってみても、結局のところ横並びにしかなりません。実質的なイノベーションは、そこでは得られないのです。

座席についてはどうでしょうか？　シンガポール航空のビジネスクラスは座席を幅約1メートルのフルフラットにしています。そこで、どうしますか？　1メートル10センチに広げますか？　お客様にとってみれば何も変わりませんし、競合優位にはならないのです。

食事はどうでしょうか？　ミシュランの星をもらっているシェフにメニューを考えてもらい、高級ワインを出している航空会社の数々。そこで、もっと多くの星をもらっているシェフに考えてもらうようにしますか？　何も変わりません。

エンターテインメント・システムは、数百チャンネルのオンデマンド。そこで、１０００チャンネルに増やしますか？　何も変わりません。

価格はどうでしょう？　激安航空券で、日本から欧州までの往復は、５万円台で飛べるわけです。それを４万円台に引き下げたところで、大きな競合優位条件になるでしょうか？　まず、ならないと思います。お客様の頭の中では、あまり変わらないし、また自社の利益が削られてしまうのです。

結局のところ、これらの競合には勝てないというわけです。

しかし、ほとんどの企業の経営陣は、繰り返し会議を開催し、これらの軸をさらに伸ばす方法を延々と議論しているのではないでしょうか？　やめましょう。諦めましょう。無駄な努力なのです。

それでは、どうすれば、いいのでしょうか？　まったく新しい競合の軸を作ればいいのです。

例えば、「メディカル」という軸を作っては、いかがでしょうか？

「当社のすべての飛行機には、免許をもっている看護師が搭乗しています！」

このようなサービスを打ち出したとしましょう。すると、どうなるでしょうか？

ほかのどの航空会社もこの軸で競合していないため、今日から即メディカル対応について、業界1位になれるというわけです!!!　そして、高齢者などが、さらにプレミアムな価格を払ってでもこちらの便を選ぶ大きな理由になるのではないでしょうか？

地上サービスはいかがでしょうか？　バレーパーキング（駐車代行サービス）、荷物を飛行機まで運んでくれるベル・サービスなどはどうでしょうか？　どこの会社もこの領域で競合していないため、今日から業界ナンバーワンになれるのです！

いくらでも、創意工夫ができるはずです。

イノベーションは既存のものを切り捨てるところからスタートします。

既存の競争そのものも切り捨てましょう。

古いやり方がいいに決まっている⁉

革新が起こるとき、必ずこの抵抗の声が上がるのです。それは、古いやり方が新しいやり方よりも良いということです。そして、その声は正しいのです。そう、断言しましょう。古いやり方がいいに決まっている！

例を挙げてみましょう。

馬と車ではどうでしょうか？　馬がいいに決まっている‼

「そんなことはないですよ！」と、あなたは反発することでしょう。しかし、どうでしょうか？

「あなたの車というものは、道がないと走れないじゃないですか？　それに、ガソリンを入れるでしょう。お金がかかるじゃないですか。うちの馬は適当に道端の草を食べていますよ。車が古くなったら、新しいのを買わなければならないじゃないですか？　うちの馬は勝手に次の馬を生んでくれますよ……」

いくらでもこういうことが言えるわけです。そして、正しいのです。

馬がいいに決まっている！　しかし、それがどうした⁉


CDはどうでしょうか？　レコードの方がいいに決まっている！

それはそうです。レコードの音質の方が良いのです。MP3になると、さらに音質が落ちるのです。

それがどうした⁉

新しいものは古いものに劣るのです。これは鉄則なのです。


だから、古いやり方に精通している人は必ずイノベーションに乗り遅れてしまいます。そして、廃業に追い込まれていくのです。

新しいやり方が、新しい用途を可能にします。そこがミソです。

雨の日のデートには、馬は不向きなのです。車がそれに向いているのです。体が弱った高齢者の長旅にも車の方が良いのです。1000枚のレコードをポケットに入れてジョギングはできないのです。


20年ほど前に、私は日本の大手デパートの役員会から指導の依頼を受けました。そこの会社を訪問し、初日に取締役の全員に質問をしました。

「御社のインターネット戦略はどのようにされていますか？」

「そんなものはないですよ！」と答える。

「だって、お客様はインターネットを信頼していないし、みんながみんなインターネットで買い物をするとは考えにくいし、やっぱり店で買い物する方が楽しいですよ」

それは、そうです。インターネットの買い物よりもデパートで買い物した方がいいに決まっている！ 楽しいし、試着できますしね。インターネットは試着できないし、説明してくれる店員もいないし。

しかし、それがどうした⁉

時間がないときのショッピングには、デパートは向かないのです！

そのことを理解できなかった結果、インターネットで大きな販売実績を残せたデパートは、世界に例を見ないのではありませんか？ みんながこのイノベーションのとてつもなく大きな機会を逃してしまったのです。

デパートはブランドが確立されていました。顧客からの信頼もありました。仕入れ能力もあったのです。技術を導入する資本力もあったのです。しかし、どこのデパートもアマゾン、楽天、メルカドリブレに完全に負けてしまったのです。そして、アマゾンが時価総額世界1位を争う企業となり、日本のそのデパートは廃業の道を辿っていったのです。

イノベーションしようとすれば、必ず内部抵抗が出ます。古いやり方と商品を担当していた人たちが脅威を感じ、反対するための理屈を並べます。古いやり方の素晴らしいところを強調し、新しいやり方の弱点・欠点を批判します。しかし、この抵抗を乗り越えなければ、将来がないのです。

商品はビジネスではない（パーツ学）

ほとんどの起業家・CEO・社長たちが犯してしまう間違いがあります。それは、過剰に商品に惚れてしまうということです。

商品はビジネスではないのです。商品は会社ではないのです。ビジネスはシステムなのです！　そのシステムのどの部分もイノベーションをする機会があり、顧客を虜にするチャンスがあるのです。

このことを私は「パーツ学」と呼んでいます。

自分の今運営している会社・ビジネスを想像してみてください。あるいは、これからしようと考えているビジネスを考えてみても良いでしょう。

そのビジネスは、お客様に対して、どういう価値提供を行うのでしょうか？　そして、その価値を提供するためには、どういう「パーツ」を揃える必要があるのでしょうか？

初めは、この「パーツ」という言葉が馴染《なじ》みにくいことは百も承知。しかし、大切な言葉なのです。

例えば、ラーメン屋を経営するとしましょう。すると、どういうパーツがあるでしょうか？店名、商品名、メニュー、注文方法、ラーメン、食器、食べる場所、支払い方法、会計方法……こういうパーツを揃える必要があります。

そして、このいずれもイノベーションをする機会なのです！

ラーメンという商品そのものをもちろん改善し、世界一美味しいラーメンを目指すことができるでしょう。しかし、それ以外のイノベーションはいくらでもあり得るのです。

例えば、食べる場所。人が一番ラーメンを食べたくなる場所はどこでしょうか？

海外にいる日本人男性に「帰国してから一番食べたいものは？」と聞くと、圧倒的な1位がラーメンなのです。そこで、私は成田空港の到着ロビーにラーメン屋を出店させます。店の名前は、「帰国ラーメン」。食べる場所と店の名前についてのイノベーションなのです。

ラーメンという商品そのものには、まったく触れていません。

今度は商品名とメニューを考えましょう。メニューにある商品はふたつしかありません。「帰国ラーメン」と「タクシーラーメン」。「タクシーラーメン」はお持ち帰りの商品で、中身は「帰国ラーメン」とまったく一緒。これで、効率が上がり、店の回転が良くなることでしょう。

イノベーションの連続なのです。

どの商売でも同じことが言えます。

私が超常連になっているホテルがあります。部屋が素敵、「Ｄｕｈ」。食事が美味しい、「Ｄｕｈ」。サービスが良い、「Ｄｕｈ」。こんなことは、今となっては、どこのホテルでもできます。

このホテルから他所へ浮気しない理由は？　会計なのです！

ここの会計部が、私のクレジットカードの写しを保管・管理し、私はチェックインもしない、チェックアウトもしない、レストランやスパでサインもしないのです。全部代筆して、月末になると、使った分の会計を済ませ、勝手にクレジットカードを決済し、私のアメリカの自宅に明細を送ってくれるのです。

ここで宿泊する回数を考えると、バカにできない時間の節約であり、我が家感覚で泊まれるようにもなるから、私にとって、「Ｗｏｗ!!!」なのです。

良いブランドは退屈そのもの

イノベーションしてはいけないものもあります。

その最たるものはと言えば、すでに出来上がっているブランド。

しかし、ほかのイノベーションを嫌うくせして、どうしたわけか、ほとんどの企業が実にこのブランドを頻繁にいじりたがるのです。

新しい担当者が配属され、自分の足跡を残そうとするのです。

「このCoca-Colaの字体が読みにくい。古くさいし。そろそろ変えましょうよ！」

そんなことを言うような従業員は即解雇したいものです。ブランディングをまったく理解していない、広報がわかっていない、大馬鹿者なのです！

良いブランドは退屈そのもの。いじらないからこそ定着するのです。あのコカ・コーラの文字も、あの赤い色も、あの商品名も、あの味も、それだけは変えてはいけません。

良いブランドを作り、１００年間使っていきましょう！

これは広告代理店にとってみると、収入にはならないので、広告代理店もブランドの変更・更新を提案してきます。その代理店を早速契約解除にしましょう。

リブランディングを導入し、ダメになった日本の大企業はいくつもあります。そして、その中で廃業や合併に追い込まれた会社も少なくありません。

原則3：利益性（慢性的黒字を確立させる）

利益は世界を救う

ＣＥＯのほとんどが、毎日利益のことを考えています。しかし、この利益というものの本質を理解している人はほとんどいないのです。

社会主義を中心とした教育では、利益を嫌うように教えられるし、汚いもののように言われるし、また、たくさん利益を出している企業について、何か悪いことをしているかのようなイメージをもたされます。

しかし、なんたる大きな間違いなのでしょう！　なんたる大きな勘違いなのでしょう！　愚かとしか言いようがありません。

それどころか、本当の意味で言う「利益」とは、最大の善であり、美徳であるのです！　いや、それ以上。利益が世界を救うのです！　いや、世界を救う唯一の方法と言えるのではないでしょうか⁉

ビジネスとは何かを思い出していただきたい。ビジネスとは、全世界のすべての人のすべてのニーズを満たすという作業。

となれば、「売上」とは、何なのでしょうか？　それは、そのニーズをどれほど満たしたのかを数値化し、情報として残すということです。

あなたの会社が食料を作り、それを顧客に提供し、顧客はその食料に1万円の価値があると判断すれば、その結果を情報として記録します。それは、1万円の紙幣という形でその情報を残しても良いし、銀行残高を1万円増やすことで、銀行のコンピュータシステムに記録しても構いません。また、後日に支払われる貸しとして帳簿に記載しても良いのです。とにかく、この売上は、「1万円の価値を作り出しましたよ」ということが、記録されればいいのです。

次に、経費とは何を言うのでしょうか？　それは、その価値（売上）を作り出す上で、どれほどの資源を浪費したかを数値化し、情報として残すということです。

その食料を生産する上で、様々な資源が利用されます。肥料をどれほど使ったのか、トラクターなどの燃料、農作業員の時間、パッケージに利用される紙やプラスチック、店まで運搬するトラックやその燃料、運転手の時間などなど。

そこで、そのすべてに8000円をかけたとしましょう。そうすれば、その結果をまた情報として記録します。それは、8000円分の紙幣を回収することでその情報を管理しても良いし、または銀行のコンピュータシステムにおいて、会社の銀行残高を減らすことで記録しても構いません。また、後日に支払う借りとして帳簿に記載しても良いのです。とにかく、この経費は、「８０００円の資源を浪費しましたよ」ということで、記録されればいいのです。

そこで、質問。社会にとっては、売上が大きい方が良いでしょうか？　それとも、小さい方が良いでしょうか？　会社にとってではなく、社会にとっては、と聞いているのです。

それは当然大きくないと困ります！

78億人の人間が地球に住んでおり、彼らのニーズを高水準で満たしていかないといけません。そうするためには、売上は膨大な数字にならないといけないのです。

経費はどうでしょうか？

それは、当然低い方が良いのです！　資源を浪費してもらっては困ります。

78億人もの人間が地球に住むわけですから、彼らのニーズを満たす上で資源を浪費してしまったら、地球環境そのものが保《も》たないのです。

そして、この価値創造の「売上」から資源浪費の「経費」を差し引くと、それは「利益」になります。

つまり、利益とは何か？　それは、人間のニーズをどれほど能率・効率良く満たしたのかという情報なのです！　そして、能率・効率良く人間のニーズを満たしていかないと、世界が保たないのです。利益こそが世界を救う！　屋根の上からそう叫びたい。

これは切実な問題なのです。どうしたら、より少ない経費（電力・燃料・資材・建材・材料・資本金・予算・事務所や工場のスペース・人数・時間など）で、今まで以上に人間のニーズを満たすという売上を計上し、利益を出すことができるでしょうか？

今から、それを勉強していきましょう。

マーケットリーダーの高利益戦略

私の友だちに、リチャードという非常に優秀な経営者がいます。彼は経営難に陥っている会社を買収し、たちまちその業績を回復させる経営の魔術師。どのようにそれを果たすのでしょうか？

彼の経営哲学は至って単純で明快なものです。「一番になれ！」

彼が言うには、「その業界の一番目の会社と二番目の会社との間に数十パーセントもの利益率の差があります。従って、一番にならなければなりません。そのために、自社の商売の領域を十分に狭く定義し、その領域において、ほかのどこの会社よりも多くの資源を投入し、マーケットリーダーにならなければなりません。私はそうしているのです」と。天才と言うべきでしょう。

ハーバード・ビジネス・レビューの調査も、この事実を見事に表しています。それによると、マーケットシェア10％未満の企業は、平均０・１６％の税引前赤字を計上しています。そう！　マーケットシェアの低い会社になると、平均して赤字なのです。利益が1円も出ないのです!!!

10～20％のマーケットシェアになると、３・４２％の税引前利益、20～30％のマーケットシェアの場合は４・９４％の税引前利益、30～40％のマーケットシェアの場合は７・６％の税引前利益。しかし、40％以上のマーケットシェアの場合は、一瞬にして、13・１６％の税引前利益に跳ね上がるのです！

それ以下の企業の７・６％と比較すれば、１・７３倍！　一気に、利益率が73％も増えるのです!!!

マーケットシェアは偉大なり！　ナンバーワンは偉大なり！

理由はたくさんあります。スケールメリットがあります。大量生産などの場合、コストは抑えやすくなります。ブランド力や知名度があり、マーケティング費用も下がります。高い能力のマネジャーを採用できるようにもなります。マーケットリーダーとして、信頼が高いため、プレミアムな価格を顧客から徴収することもできます。こういう理由をいろいろ説明できますが、とにかくナンバーワンになることを覚えておきましょう！

あなたの会社が一番になれる領域は何でしょうか？　本当に1位になれる領域を発見するまで、絞り込みましょう。そして、その領域に対して、世界のほかのどの会社よりも多くの資源を投入し、投資をし、世界のほかのどの企業よりもその分野の能力を身につけて、世界ナンバーワンのマーケットシェアを勝ち取りましょう。

ここでまた無限のテールを思い出しましょう。右側で勝負することのもうひとつの利点は、世界1位になりやすいということです。

教育全体では世界ナンバーワンになれないかもしれませんが、オウムの話し方なら、そこに少しばかりの時間・商品開発の努力を投入すれば、世界ナンバーワンになれるに違いありません。

慢性的黒字への道

ここで、あなたに奇跡的な考え方を紹介したい。それは、「慢性的黒字」というものです。

これだけでも一冊の本を書きたいところですが、とりあえず簡単に説明しましょう。

辞書によると、「慢性的」とは、「ある状態が長い間にわたり変化せずに持続すること」です。病気についてよく用いることが多いです。長い間、改善されず、持続する病気は、慢性的な病気と言います。しかし、病気がつきまとうくらいなら、利益がつきまとった方が良いのではないでしょうか！（笑）慢性的黒字とは、どうしてもなくならない利益であり、すべてのＣＥＯが目指すべき状態なのです。そんなことは本当に可能でしょうか？　可能なのです！　そして、現代の優秀な企業は、みんなそうしているのです。アマゾン、グーグル、アップル、マイクロソフト、ネットフリックスなど、みんなが同じモデルを構築しています。

簡単にその仕組みを説明していきます。このあたりから、数字と計算が少しばかり入ってきますが、例を挙げて、わかりやすく説明していきますから、諦めずに最後まで読みましょう。

そして、自分の会社に当てはめて考えましょう。

損益分岐点計算

私が経営コンサルタントになるための勉強をしていたとき、「損益分岐点」という言葉に初めて出会いました。これは、つまり、会社がどのくらいの売上を立てれば、利益がトントンになるのかという計算であり、財務分析の最も基礎的な考え方のひとつと言えます。

この損益分岐点を知ることで、赤字の会社が黒字に転じるために、どのくらいの売上を立たせる必要があるのかを知ることができるし、また黒字の会社が赤字に転じる前に、どのくらいの景気後退に耐えられるのかを知ることができます。

そのとき、先輩から見せられた計算式は、こうです。

損益分岐点計算

$$損益分岐点 = \frac{固定費}{\left(1 - \frac{変動費}{売上}\right)}$$

もっとシンプルに書けば、

損益分岐点＝固定費÷貢献利益率

※貢献利益率＝1－変動費率

数字が苦手な人のために、やさしく説明していきましょう。先ほど見てきたように、どの会社にも大切な数字は3つあります。それは、「売上」と「経費」と「利益」です。そして、売上から経費を差し引くと、それは利益になるというわけです。

売上－経費＝利益

どこの会社でも、売上を増やし、経費を抑え、そしてそうすることにより利益を高めるように努力していることは言うまでもありません。

そこで、この経費という数字をもう少し詳しく分析してみれば、これを「固定費」と「変動費」に分けることができます。

固定費とは、何もしなくても毎日・毎月・毎年に発生する費用のことです。家賃、社員の給与、機材のリース料、銀行ローンの利息、これらはすべて固定費であり、一切営業活動をしなくても、商品をひとつも売らなくても、自動的に発生する費用なのです（ほとんどの場合、この固定費というものは、決まった金額になります）。

それに対して、変動費とは、物を作ったり、売ったりするときに発生する費用になります。仕入れ、材料費、外注費、運送費、営業のコミッションなど、その都度発生するものです（多くの場合、この変動費というものは、売上のパーセンテージという形で発生するものです）。

この固定費と変動費の区別がとても大切なものになります。

あなたは、店を経営しているとしましょう。そこで、あなたの店の損益分岐点を計算しましょう。

まずは固定費から見てみます。店舗を35万円で借りて、店員に15万円の賃金を払っているとします。毎月、何もしなくても、この金額が出ていくというわけです。

すると、固定費は、その合計金額の50万円になります。

次は、変動費を見てみます。この店は、お菓子を売っているとしましょう。そして、そのお菓子を1個50円で仕入れて、1個100円で売っているとしましょう。

すると、100円の売上に対して、50円の費用が出るわけだから、変動費率が50%になります。

そして、逆に言えば、貢献利益率が売上の50%になるという計算です（貢献利益率＝1－変動費率）。

そうすれば、いくらほどのお菓子を売れば、固定費の50万円を賄い、損益分岐点に達することができるでしょうか？　100万円になるわけです。

つまり、100万円分のお菓子を売って、50万円の仕入れ原価（変動費）を差し引いて、50万円が手元に残ります。そして、この50万円を固定費（家賃と給与）に当てて、トントンになるのです。

計算好きな読者のために、先ほどの計算式を使って計算してみましょう。

固定費の50万円÷貢献利益率の50％＝損益分岐点の100万円

あなたの店の損益計算書（P／L）

売上	100万円	
－変動費	50万円	（商品の仕入れ原価）
－固定費	50万円	（家賃と店員の賃金）
＝利益	0円	（トントン）

しかし、毎月100万円もの売上を立てることが大変だとなれば、どうすれば良いのでしょうか？

固定費を変動費に変えていけばいいのです！

英語では、固定費をFixed costsと呼び、変動費をVariable costsと呼ぶことから、その頭文字を取って、固定費を変動費に変えることを、コンサルタントの間では、「FのV化」と呼んでいます。

※経営コンサルタントの私たちは、物事を難しく言うのが得意です！

それでは、あなたの店で「FのV化」を行えば、どうなるでしょうか？

店舗の出店はやめて、ネットオークションのイーベイで販売を開始し、35万円の家賃（固定費）の代わりに、オークション手数料の10％（変動費）を支払うことにします。

「ちょっと待ってよ！　貢献利益率の50％が40％に下がるじゃないか！　不利でしょう……」と、そう叫びたくなるでしょう。しかし、本当に不利なのでしょうか？

確かに100円のお菓子を売れば、仕入れの50円と、オークション手数料の10円を支払うことになり、貢献利益は40円しかありません。

しかし、変動費が増えている分、固定費が下がっているではありませんか！　家賃はもうありませんから、固定費は、賃金の15万円しかありません。従って、37万5000円を売り上げれば、仕入れと出店費用の60％（22万5000円）を払っておいて、売上の40％に当たる15万円が手元に残ります。それを賃金として従業員に渡すと、もうトントンなのです！

固定費の15万円÷貢献利益率の40％＝損益分岐点の37万5０００円

魔法のように、損益分岐点が１００万円から37万5０００円に下がったのです！

１００万円でトントンになるのか、37万5０００円でトントンになるのか、この差がとても大きいのです。

しかし、実は、もっと注目すべきことがあります。売上がゼロの場合、赤字が50万円になるのか、15万円になるのかという違いです。それを考えれば、リスクが大きく減少しているのではありませんか!?

新しい損益計算書（P／L）

売上	37万5０００円
−変動費	22万5０００円（商品の仕入れ原価＋オークション手数料）
−固定費	15万円（従業員の賃金）
＝利益	０円（トントン）

また、売上が下がらず、前と同じ100万円の売上を維持できれば、どうなるでしょうか？

売上　100万円
－変動費　60万円（商品の仕入れ原価＋オークション手数料）
－固定費　15万円（従業員の賃金）
＝利益　25万円!!!

アウトソーシングの津波がこうやってスタートした

経営コンサルタントの私たちがこの損益分岐点の計算を学び、世界のアウトソーシングの津波がスタートしました。

その理由は明白でしょう。アウトソーシングをすることで、内部に抱える固定費は、外注する変動費に変わるのです。つまり、「FのV化」なのです！

そして、この考え方を導入する会社は、打たれ強くなります。売上が減っても、損失は出ないのです。また、赤字が出たとしても、その金額を大きく抑えることができますし、今までと同じ売上の水準でも、利益率の大幅な改善が見られるのです。

これを謳って、どこの企業も頑張ったのです。そして、その考えが大きく成功しました。固定費を抑えることで、成功した企業が続出したのです。

赤字はあり得ない！

先の事例をもう少し、先へと進めていきましょう。今度は、従業員の賃金も変動費に変えていけば、どうなるでしょうか？　オンラインになっているため、店員はもういりません。その代わりにウェブ管理者を雇い、賃金ではなく、売上の15％を支払うという契約形態にします。すると、貢献利益率が25％に低下してしまいます（仕入れの50％、サイトに払うオークション手数料の10％、ウェブ管理者に払う15％＝変動費率が75％）。

「ほとんど利益が出ていないじゃないか！　不利ではないか⁉」と、また叫びたくなるでしょう。

しかし、本当に不利なのでしょうか？

あなたの店は、もう固定費がありません！　つまり、売上ゼロでも損失が出ないのです‼　そして、最初の１００円の売上でも、すでに25円の利益が出るのです……

赤字が発生し得ない損益計算書（P／L）

売上　　100円
－変動費　75円（商品の仕入れ原価＋オークション手数料＋ウェブ管理者への支払い）
－固定費　0円
＝利益　　25円

赤字が不可能!!!　最初の売上から利益が出るのです。
慢性的黒字の仕組みに近づいているのです……

コストより売上を分析せよ！

私はコンサルティングの勉強で、この「FのV化」をかなり頭に叩き込まれたので、自分で会社を立ち上げたときも、この考え方を徹底しました。

まず、社内にコピー機を置きませんでした。そのリース料が固定費になってしまうからです。「コピーをとるなら、近くのコンビニに行きなさい！」と従業員たちに指導しました。1枚当たりは、高くはなりますが、変動費なのです。そして、不思議なことに、コピーをとる頻度が激減し、結局トータルコストで見ると、節約になったのです！

次にビジネス電話も設置しませんでした。これもやはり固定費になるからです。従業員の携帯電話で業務をやってもらい、使った分だけを経費精算してもらいました。

営業部をフルコミッションにしました。支払うパーセンテージは大きくしましたが、固定費ではなく、変動費だから、それは構いません。

とにかく、どこにも固定費がないので、会社は設立の初月から黒字に転じたのです。そして、それ以降の長い年月にわたり、その会社は私の生活の糧《かて》を生み出し続けているのです。

固定費は知っているけど、固定売上ってなーに？？？

「損益分岐点」の計算と「FのV化」を企業経営者たちに指導していると、不思議なことに気づきます。

どこの企業も、経費の分析ばかりで、売上の分析を行っていないのです……

良い経費と悪い経費があるとすれば、良い売上と悪い売上があるではないか！　そう閃《ひらめ》いたのです。

固定費と変動費があれば、固定売上と変動売上もあるではないか!!!

我ながら、この考え方がすごいのです！　そして、近代的経営の土台をなすところにまで至っています。

変動売上とは、努力して初めて立つ売上のことです。また、計上させるために営業やマーケティング費用が出て行く売上でもあります。

ほとんどの企業は、この変動売上に依存しています。ですから、月初め・期初めに、毎度ゼロからの再スタートになってしまいます。毎月1日から営業活動を開始し、損益分岐点に達するように必死に頑張るのです。そして、25日頃にやっとそれを達成し、月の最後の4～5日間だけ利益を出し始めるのです。これでは、大変です。自転車操業と言うほかありません。

しかし、固定売上が生まれれば、どうなるでしょうか？

固定売上とは、最初から立っている売上です。新たな営業努力をしなくても、月の最初の日・期の最初の日から、すでに読めているのです。

この固定売上は、様々な形をとります。定期課金、会員制度、定期発注契約、定期発送、自動発送、定期購読、サブスクリプションなどなど……　自動的にお金が入ってきます。そして、この売上を立てるための新たな営業努力、マーケティング、広告などの活動がいらないのです。

こういう売上を頼りにしている企業の場合は、月初め、期初めに、すでに売上が立っているのです!!! 初日からすでに黒字に転換しており、利益を計上しているのです!!!!!

そこから、営業活動を開始します。すると、新たに取ってくる受注はすべて、上乗せなのです。

これこそが「慢性的黒字」の仕組み。固定費を抑え、固定売上を確保するようにすれば、利益しか出ません。

これを方程式で示すと、次の通りになります。

慢性的黒字＝（固定売上×貢献利益率）－固定費

この慢性的黒字について、簡単な実例で説明していきましょう。

あなたは、スポーツジムを開店します。そして、ジムの家賃は40万円。自分でトレーナーをやっています。従って、固定費は40万円という家賃のみ。何としてでも、この金額を稼がなければ、赤字になってしまいます。

1回のトレーニングセッションの最後に、２０００円のプロテインシェイクとサプリをクライアントに飲ませています。1セッションを1万円で販売していると、変動費率は売上の20％（そして逆に貢献利益率は80％になる)。すると、50万円の売上を立てれば、シェイクとサプリの10万円を差し引いて、40万円の家賃が払えて、トントンになります。

固定費の40万円÷貢献利益率の80％＝損益分岐点の50万円

あくせく働いて、1回1万円の個人トレーニングセッションに来てくれるお客様を50名獲得します。すると、売上50万円－10万円の変動費（シェイクとサプリ）－家賃40万円の固定費＝0円の利益。トントンなのです。ひとまず安心でしょう。

あなたの経営するスポーツジムの損益分岐点（顧客人数50名）

売上	50万円
－変動費	10万円（シェイクとサプリ代）
－固定費	40万円（家賃）
＝利益	0円（トントン）

しかし、ちょっと待ってよ！　来月もゼロからの再スタートではありませんか!!!　また営業をかけて、トレーニングセッションに来てくれるお客様を探さなければなりません。いつまでたっても自転車操業なのです。そこで、あなたは、「会員制度」を導入します。月額課金1万円で、支払いは銀行の自動引き落とし。

あくせく働いて、50名のお客様に会員登録をしてもらいます。今月の売上が50万円となり、それで家賃とサプリ代金が払えて、トントンになります。ひとまず安心でしょう。

しかし、ちょっと待ってよ！　来月の売上もすでに確保できているのではありませんか!!!

新たに営業活動をしなくても、すでにトントン……

ですから、来月の営業活動を開始し、最初の新規契約から売上と利益が増える一方なのです。

慢性的黒字へようこそ!!!

さらに50名の顧客を獲得します。すると、どうなるでしょうか？　お客様は、100名となり、大きな慢性的黒字を生み出します!!!

あなたの経営するスポーツジムの慢性的黒字（顧客人数１００名）

売上　　　１００万円
－変動費　20万円（シェイクとサプリ代）
－固定費　40万円（家賃）
＝利益　　40万円

そして、毎月これは増えていくのです……

これで成長率が即9倍！

これは大きな成功を収めている大企業が利用している方程式なのです。

上場企業の経営者が最も気になることは何でしょうか？　それは成長率なのでしょう。なぜなら、株式市場が高い成長率の会社に高い株価をつけて、成長が停滞すると、株価が暴落するからです。

そこで、高い成長率を計上する会社を分析していくと、大きな共通点を発見します。それは、「定期課金モデル」を確立しているということ。どのくらいの違いがそこで出てくるでしょうか？　定期課金モデルをもっている会社とそうでない会社を比較すると、成長率が9倍も違うのです!!!

それもそのはず。期初めの最初の受注から、すでに売上の成長がスタートしているからです。これは小さなことではありません。

アマゾンプライム、アマゾンウェブサービス、ＹｏｕＴｕｂｅプレミアム、アップルの定期課金アプリやｉＴｕｎｅｓのサブスクリプションなどなど、どこの優良企業も、この定期課金モデルの構築に必死で、今までの収入源を切り捨ててでも、これを追求しています。

例えば、ＹｏｕＴｕｂｅは今まで広告収入に頼って成長してきたわけですが、ＹｏｕＴｕｂｅプレミアム会員になると、広告が表示されなくなります。プレミアム会員の支払う料金は、定期課金であり、慢性的黒字の元になりますから、今までの広告収入を切り捨てても、それを大きくプッシュし、顧客に勧めています。

イノベーションの章でも紹介したように、社内の抵抗はもちろん出ます。なぜなら、今までの広告販売部隊にとってみれば、これは脅威であり、即収入減になるからです。しかし、会社全体の繁栄にとってみれば、これ以上に大切なことはないのです。

アマゾンやウーバーが知っていて、あなたの知らない会計手法とは？

長年にわたって、アマゾンやウーバーが赤字経営をしながら、大きく成長し続けました。なぜそれが成り立つのでしょうか？

しかも、長年にわたり、その赤字の金額は増える一方でありながらも、株式市場などが彼らを高く評価し、株価の暴落どころか、株価は急上昇ではありませんか⁉ いったいどういう仕組みになっているのでしょうか？？？ これは、彼らが知っていて、あなたの知らない会計手法があるからです！

ある会社を紹介しましょう。仮に定期課金株式会社（T社）と呼びます。

T社の最初の業績発表はこうです。

T社の1年目の損益計算書（P／L）

顧客数10名
売上100万円－経費200万円＝赤字100万円

どう思うでしょうか？　大変だと思うことでしょう。

次の年度の業績はこうです。

T社の2年目の損益計算書（P／L）

顧客数110名
売上1100万円－経費2000万円＝赤字900万円

どうでしょうか？

「こんな会社が長く続くはずがない！」、「おかしい!!!」、「大赤字じゃないか!?」

そう、叫び出すに違いありません。

しかし、私はこの会社の株を買いたくて仕方がありません。

3年目の業績を発表しましょう。

T社の3年目の損益計算書（P／L）

顧客数1110名
売上1億1100万円－経費2億円＝赤字8900万円

「もう倒産でしょう!!!」、「こんな経営では無理だよ！」、しかし、そうではありません。この会社はぼろ儲けしているのです!!! 現在の会計基準が間違っているだけです。

その仕組みを説明しましょう。

この会社の顧客獲得コストは20万円です。顧客は、平均して5期にわたって定着し、1期当たり10万円ずつの会費を払ってくれます。ですから、1顧客当たり、最終的に20万円の獲得費用に対して、50万円の売上が立ち、30万円の利益が出るわけです。

1顧客当たりで見れば、赤字になっている顧客は、ひとりもいないのです！

しかし、GAAP（一般に認められる会計原則）では、数年にわたる売上を生み出すものであったとしても、顧客の獲得費用は、支払いが発生した会計年度にその全額を経費として計上することになっているのです。

この考え方が間違っています。でも、現在のルールになっているから仕方がありません。

このT社は、次の年度、新規開拓をやめたとしましょう。すると、どうなるでしょうか？

T社の4年目の損益計算書（P／L）※顧客の新規開拓をしない場合

顧客数1110名

売上1億1110万円－経費ゼロ＝利益1億1110万円

新規開拓さえやめれば、いつでも利益が出せるのです。

しかし、そうする必要はありません。顧客1名当たりのレベルで見れば、今までの顧客全員に対して、2年間で獲得コストを回収し、3年目から丸々利益になっているため、さらに新規開拓に積極的に投資していくのです。

ようこそアマゾンやウーバーの世界へ。これこそが急成長の仕組みなのです。

その秘訣は、「顧客別会計」を実現していることです。アマゾンを見れば、すぐにわかります。あなたが今まで購入した物を、アマゾンはすべて把握しています。あなたがアマゾンのために、今までどのくらいの利益を生み出したのかを厳密に計算できているのです。

商品別会計ではなく、事業部別会計でもなく、顧客別会計になっているのです!!!

そのベースで見て、利益が出ていれば良いのです。そして、管理会計において、顧客獲得費用を顧客のライフサイクルに振り分けて計上していけばいいのです。

そうすれば、前出のT社はどうなるでしょうか?

T社の1顧客当たりの損益計算書(P/L)※顧客獲得コストの正しい計上の仕方を導入した場合

顧客数1名	
獲得コスト	20万円
獲得コストの今年償却分	4万円
購買金額	10万円
この顧客からの利益	6万円!

売上	10万円
－経費	4万円
＝利益	6万円!!!

こういう経理になります。

そして、利益がちゃんと出ているため、いくらでも新規顧客開拓に投資していけるのです。

このことを理解している企業のみが大きく成長し、最大のマーケットシェアを獲得し、世界に君臨する時代なのです。

これはまさに現代の「最強のＣＥＯ」たちの発想の原点なのです。

＊この考え方をもっと知りたい人は、一度ジェームスに会いましょう！

WWW.TWG.CEO

零細企業よりも、大企業を作る方が簡単だ

最後にひとつ、私の思いを伝えましょう。それは零細企業を作るよりも、大企業を作ることの方が簡単だということです。

零細・中小・中堅企業の経営者を見ていると、いつも思うのです。

「よくもまあ、こんな苦しいことをやっていられますよね」と。

「それなら、私が指導して、最初から大企業にしていこうじゃないか」

本当にそう思うのです。

零細企業は、利益率が低いのです。平均して、赤字なのです。

零細・中小企業は、CEO自らがよく業務や仕事をしなければなりません。やるべき人間が社内にいないからです。

零細・中小企業は、いつも運転資金が足りません。

言い始めれば、切りがありません。

では、どうしたら、最初からあなたの会社を大企業にできるのでしょうか？　そんなことが果たして可能なのでしょうか？

はい、可能なのです。そして、ほとんどの大企業は、大企業としてスタートするのです!!! これが「ザ・ビッグ」と呼んでいるモデルであり、5つの「ビッグ＝でっかいもの」から構成されています。

1．ビッグなアイディア

まずは、ビッグなアイディア。イノベーションなのです！

そして、思い出していただきたい。そのイノベーションは商品そのものである必要はなく、商品・サービス・価格・商品名・提供の場所・保証・支払い方法・会計システムなどなど、価値提供システムのどのパーツでもイノベーションの元になるのです。

ただやはり、このイノベーション・アイディアを地面が揺れるような大きなものにしていきたい。せっかく自分の人生の一部をかけて、ビジネスとしてやっていくのだから、ここだけは譲りたくないのです。

2．ビッグな人たち

追求したいアイディアが明確になれば、次は、そのアイディアを実現できるほどの人たちを集めていきましょう。

そこで、あなたは思うことでしょう。

「どうしてそんなに有能で、実績のある、大物が私のプロジェクトに参加してくれるのでしょうか？」

その理由は簡単です。ビッグなアイディアがあるからです！

ビッグな人たちは、ビッグなことをやりたい。そこなのです。

そして、最初にビッグな人たちが集まり始めれば、すでに集合しているメンバーと一緒に働きたいということが、次のメンバーを惹き付ける大きなポイントになります。

3．ビッグな資本

次は、でっかい資本を入れてもらうことです。

小さく考えるように教育され、自己価値ゼロ、臆病者の皆さんはまた言うことでしょう。

「どうしたら、そんなに大きな資本を出してもらえるのでしょうか？　私にはそんなすごい経歴があるわけじゃないし……」

はい、はい、はい、はい、はい、はい、はい、はい、はい、はい、はい。

「はい」は一回では足りないと思います。

ビッグな資本が集まるのは、ビッグなアイディアがあり、それを実現させようと、ビッグなメンバーが集まっているからです。ベンチャーキャピタル（ＶＣ）やプライベートエクイティ（ＰＥ）ファンドなどが、毎日必死にそういうネタを探しているのです。

4. ビッグな提携先

次はビッグな提携先を探しましょう。一流と一緒に取り組むからこそ、一流になるのです。弁護士、会計士、銀行、仕入先、様々な業務の外注先など、一流どころを巻き込みましょう。

5. ビッグな販路

そして、最後は、巨大な販路を確立していきましょう。素晴らしいアイディアがあれば、それを売っていきたいという大企業もあるはずです。そして、あなたを大きく成功させるために、先方は本腰を入れる必要はありません。ほんの少しだけ力を入れると、一瞬にしてあなたの会社を大企業にさせてしまうのです。

これをひとつの実例で紹介しましょう。以前、私は仲間たちと一緒にヘッジファンドの会社を設立しました。しかし、私たちは業界の中で無名でしたし、大きな実績もありませんでした。

どうすればいいのでしょうか？　まず、大きなアイディアを探しました。

商品の中身もいろいろ考えましたが、最終的に料金の徴収の仕方にイノベーションをもたらすことにしました。固定管理手数料を廃止し、お客様のために利益を上げるときにのみ手数料を徴収する世界初のヘッジファンドを作りました。

次は、ビッグな人たちを集めました。欧州の大手銀行の元ＣＯＯ、欧州の大手銀行のヘッジファンド部門のトップ、イギリスの大手銀行の役員などを引き抜きました。みんなは、このアイディアを面白いと思い、そして、私たちが作ろうとしていた社風に惚れたのでした。

次は、ビッグな資本を得るために、プライベートエクイティ（ＰＥ）ファンドの会社に打診し、アイディアとメンバーの強みで、資本を入れてもらいました。

ビッグな提携先にとことんこだわりました。最も知名度のある大手保管銀行、監査法人、弁護士事務所などを揃えました。

そして、ビッグな流通を確保していきました。イギリス最大手の銀行と業務提携を結びました。

その結果、設立から1年半で管理資産を２０００億円以上も集め、大企業になったのです。

＊自分の会社をもっと大きく成長させたい場合、ジェームスの直接指導をお勧めします。

WWW.TWG.CEO

原則4：目的（世界を変える）

科学が完全に失敗している

ここで、衝撃的なことを申し上げましょう。科学という考え方はことごとく失敗しています！

「いや、ちょっと待って！　そんなはずはない。科学は次から次へと成功しているじゃないか！科学のメソッドを使って、人間は何でもできるようになったじゃないか！」

あなたは、そう叫びながら反論することでしょう。

そして、確かに科学的手法を使って、人間は、内燃のエンジン、自動車、飛行機、抗生物質、レントゲン、パソコン、スマホ、デジタルの音楽や映像、ビデオカメラ、高層ビル、エアコン、株式市場、世界を股に掛ける大企業などを実現できたことは言うまでもありません。仮説と実証のプロセスの繰り返しが生み出した産物なのです。

しかし、それでもやはり、失敗だと言わざるを得ないのです。なぜ私がそう言うのでしょうか？

科学は実証できることが前提です。ですから、データを重んじるというわけです。そして、そのデータによる実証を重視するあまり、データの裏づけが取れないものを軽蔑《けいべつ》し、そうしたものを無意味に思ってしまいます。つまり、容易に測定し、客観的に実証できるもの以外をすべて価値のないものとして、捨ててしまうのです。

例えば、宗教。

「あなたの宗教で語られている天地創造の神話が、実際にそうだったというデータは取れるでしょうか？　その宗教の教義になっている来世や天国は実際にあるということを実験で証明できるでしょうか？」

そして、できないとなると、「やっぱり、その宗教は間違っている。非科学的だ。捨てなさい！」と言うのです。

しかし、問いかけそのものがすでに間違っています。

「どうでもいいじゃないですか。これを信じると幸せを感じるのですよ」と、そう返したい。

幸せを客観的に測定できるでしょうか？　母の愛の深さを測ることはできるでしょうか？　アートや音楽は美しいと科学的に証明できるでしょうか？　痛いかどうか？　気持ちがいいかどうか？　あなたの意見を聞かずに医師は知る術があるでしょうか？　希望や夢は？　意味と意義は？

つまり、あなたにとって本当に大切なもので、科学的に証明できるものはひとつもないのではありませんか！　頼りになるデータの裏付けを得られるものはひとつもないのです。

これらは、「客観的」なものではなく、「主観的」なものなのです。

だから科学が失敗しているのです。客観的な道具箱で主観的な問題を解決しようとしているのです。

科学・工学・数学・ロジック、それとも宗教・神話・芸術・感情なのか？？？

ここで、ふたつの道具箱を考えてみましょう。

「客観性の道具箱」：これは、科学・工学・数学・ロジックなのです。

「主観性の道具箱」：これは、宗教・神話・芸術・感情なのです。

あなたが高層ビルを建てるとします。どちらの道具箱が必要になると思いますか？

もちろん、客観性の道具箱が必要になるのです。科学・工学・数学・ロジックを正しく使わないと、ビルは最初から建たないのです！

しかし、そのビルをそもそもその場所に建てるべきでしょうか？　それは街の景観に貢献するのか、それとも、それを損《そこ》ねてしまうのか？　それを建てることがその街・社会に住む人々の幸福に貢献するのか？

こうした質問になると、科学は何ひとつ答えを提供してくれないのです。ビルの建て方は知っているけれど、それだけなのです。

ここで、主観性の道具箱を持ち出さなければなりません。宗教・神話・芸術・感情なのです。芸術的センスの良さが問われます。その街に住む人たちの気持ちが絡んできます。そこの社会の宗教観や土台になっている神話との関わりも出てくるのです。

そして、この両方の道具箱を用いてこそ、正しく建ち、実際に人の幸せに貢献できる施設が誕生するのです。

人間の犯す最大の間違いとは、ほとんどの場合、この道具箱の選択ミスによって発生しているのではないでしょうか？

月末の決算をするとしましょう。道具箱は？　客観性の道具箱が正しいのです。正しいロジックで、正しい計算をしない限り、利益の数字を正しく算出できません。

夫婦喧嘩の解決策は？　そこに客観性の科学・工学・数学・ロジックを適用しようとしたことがあるでしょうか？　まったく埒《らち》が明かないのです。

科学では、原子爆弾を作ることはできる？　イエス。原子爆弾を作るべきでしょうか？　ノー！

科学では、地球の環境を破壊させるほどの生産活動はできる？　イエス。地球の環境を破壊すべきでしょうか？　ノー！

科学では、古い美しい寺院を壊し、その上に高層ビルを建てることはできる？　イエス。そうすることで、その社会に住む人たちがもっと幸せになるのでしょうか……？？？

ビジネスが世界を破壊している

資本主義は奇跡の制度です。それは、効率良く、社会の資本を必要な活動・場所に投入する結果を生み出すからです。

何かが欠如すると、価格が上昇し、多くの人・多くの企業がその物やサービスの提供に励み、即時にその欠如状態を補い始めます。また、ある技能や労働力が欠如すると、その仕事の賃金が高騰し、人がその技能の取得に励み、またはその分野に転職し、これもやはり欠如状態が解消されていきます。その結果、物やサービスが豊富になりますし、また、その時代のニーズを満たす努力がより高い利益、より高い賃金で酬われます。

そして、最終的に、これは人間を貧困から救い、世界を豊かにするのです。

過去25年間で、極度に貧困な生活をしている人々は10億人も減り、人間の歴史における最も低い水準の10％未満に達しました！

しかし、同時にこの過剰とも呼べるほどの能率と効率（客観性）の追求が多くの問題を生み出しました。

・作業が標準化され、単純化され、仕事に意味と意義が見出せない人が溢れています。

・自然の環境が破壊され、毎日150～200もの動植物の種が絶滅します。
・空気の汚染により、人間の存続そのものを脅《おびや》かす気候変動が起きています。
・行きすぎたＡＩ（人工知能）の開発は、人間の淘汰に結び付くのではないかと心配されています。
・最も有名な資産家の人たちは、地球を断念し、次の惑星を開拓しないと未来はないと言って、その準備を急いでいます。

こんなことでは、ダメではありませんか！

主観性の道具箱を取り出してみれば、その回答は明白そのもの。

経営は、人間の幸せに貢献するものでなければなりません。環境にも良いものでなければなりません。より素晴らしい世界を次の世代のために用意するものでなければなりません。

どうしたら、世界に貢献する本当に素晴らしい経営ができるのでしょうか？　どうしたら、歴史に名を残す偉大な経営者になれるのでしょうか？

100年後にあなたはもう忘れられている!?

あなたは、ヨハン・パッヘルベルの『カノン』を聞いたことがあるでしょうか？　ぜひ一度聞いてみてください。

WWW.TWG.CEO

パッヘルベルは、１７０６年３月９日に埋葬されましたが、今でも世界中で彼の音楽を聞いたことがない人は、ほとんどいないというほど、生き続けています。人間の寿命は１２０年と言われますが、彼はもう３００年以上生き続けているのです。

『星月夜《ほしづきよ》』という絵画を見たことがあるでしょうか?

WWW.TWG.CEO

１８８９年の６月にゴッホによって描かれたものですが、今年も３００万人以上もの人々がそれを観て、感激します。

キリストやお釈迦様の言葉と教えは、２０００年以上にもわたり、人々の心に平安と希望をもたらし続けています。

あなたは、100年後に何で覚えられているでしょうか？　あなたの会社は、何で覚えられているでしょうか？　客観性と主観性の両方の道具箱を使い、あなたはどういう新しい世界を作り出すのでしょうか？

目的のある企業以外はもういらない

アブラハム・マズローの欲求5段階説の話を、一度くらいは聞いたことがあるでしょうか？　それによると、ニーズのピラミッドがあり、そのベースには、生理的欲求・安全に対する欲求があります。それから愛と帰属意識、そして達成感や承認、自己実現と続く。

従来の企業は、これらのニーズを満たすことに集中してきました。

賃金を払うことで、従業員の生理的欲求を満たし、安全な職場作りにも励み、または職場における良い人間関係を構築し、職能資格制度や昇進の制度で、従業員に達成感と承認、自己実現の機会を与えるように努めました。

しかし、これでは不十分なのです！

ほとんどの人が知らないのは、マズロー自身が生前この欲求5段階説を否定したということです!!!

マズローは、年老いてから、自らの人生においてそれを発見しました。どうしても、自己実現では不十分でした。身体の必要を満たし、良い人間関係をもち、自分の才能を開発し、いろいろな目標を達成するだけでは、真の充実感が得られませんでした。

自己超越が必要だったのです。自分の人生を超えて残るもの、そんな意味と意義のあるものがどうしても必要であるのです。

そして、この意味と意義への探求をし、従業員と顧客のためにより高度なニーズを満たしていく企業こそが、これからの時代において君臨します。

それがあってこその偉大さ。それがあってこそ「最強のＣＥＯ」と言えるのです！

あなたの会社の意味と意義は何でしょうか？　あなたの会社がどうしてもこの社会にとってなくてはならない理由は何なのでしょうか？　どのようにしてそれを従業員に伝え、理解してもらえるのでしょうか？　あなたの会社が、今そこで働いている人たちの人生を超えて、人間社会、世界に貢献するものは何でしょうか？

１００年後、３００年後、１０００年後、あなたの会社は後世の人たちから何で感謝されるのでしょうか？

それでは、今まで、ないがしろにされがちだった、企業における主観性の道具箱を考え、さらに最強の経営を目指していくことにしましょう。

企業のミッションという3部作

企業の存在意義を定義し、それを従業員に力強く伝達する最強の道具は「ミッション・ステートメント」というものでしょう。

私がこの「ミッション・ステートメント」という言葉を日本に紹介してから、30年近くの歳月が経ちました。そして、やっと言葉そのものが定着してきました。

しかし、その中身はどうすれば良いのか、どうしたらそれを会社の現場で生きたものにできるのかとなると、まだまだ十分に理解されていない経営者が多いのではないでしょうか？

そこで、このミッション・ステートメントというものをもう少し深く勉強しましょう。

そして、そのために、現場にうまく定着したミッション・ステートメントの実例をふたつ打ち出してみましょう。

ひとつは、ディズニーランド。

「We are actors on a stage entertaining guests in an audience. = 私たちは、観衆にいるゲストにエンターテインメントを提供する俳優と女優である」

※これを最初にどこで聞いたかは覚えていませんが、この文章をそっくり使っていなくても、ここで記した言葉はDisneyの精神を表しており、本書の目的のために十分と言えます。

もうひとつは、ザ・リッツ・カールトン・ホテル。

「We are ladies and gentlemen serving ladies and gentlemen.＝我々は紳士と淑女に仕える紳士と淑女である」

このそれぞれには、3つの大切な要素があり、それをミッション・ステートメントの「3部作」と呼んでいます。この二社のミッション・ステートメント「3部作」を分析してみましょう。

◆第1部：私たちは誰か？

ディズニーランドでは、スタッフをキャストと呼んでおり、バックヤードから園内に出てくる扉には、“On Stage„と記されている表札がかかっています。つまり、自分たちは女優と俳優であり、ディズニーランドで働くということは、ステージの上に立つことであるのです。

なんと素晴らしい!!!

自分は単なるアルバイトではないのです。掃除担当ではないのです。チケットの改札係ではないのです。自分は俳優だ！　女優だ！

単なる職場ではありません。ステージです。そして、自分がそのパフォーマンスの一部であるのです。

自己価値が高まるのではないでしょうか？　自己イメージが高まるのではないでしょうか？

そして、この新たな自己価値・自己イメージをもつことで、毎日の行動に計り知れない影響を与えられるのではないでしょうか？

ザ・リッツ・カールトンのミッションも同じことです。自己価値・自己イメージからスタートします。

我々は紳士と淑女なのです！　これも素晴らしい。

単なるアルバイトではないのです。ハウスキーピングのスタッフではないのです。フロント係ではないのです。ここで働く以上は、紳士・淑女であるのです。

あなたの会社で働くことは、どのようにして従業員の自己価値・自己イメージを高めるのでしょうか？

あなたの会社に就職することで、私は何になれるのでしょうか？

◆第2部：彼らは誰か？

次は、顧客をどう見るか、これを定義します。

ディズニーランドでは、相手がゲスト。ゲストとは？　自分の家に呼ばれた招待客のことです。

単なる顧客ではないのです。単なるお金のやりとりで済ませられる相手ではないのです。

英語では、顧客をクライアントと呼ぶのですが、このクライアントという言葉は元々「誰かの保護下にある者」という意味。

しかし、自分の家に呼ばれる招待客となれば、それ以上の存在でなければならないのです。そして、ディズニーランドがキャストの家ということにもなるのです！　自分の家となれば、大事にするのではないでしょうか？　自分のゲスト・招待客であれば、サービスにあたる姿勢が変わるのではないでしょうか？

ザ・リッツ・カールトンの場合は、超一流ホテルを目指すことから、いらっしゃる方は、それなりの層のお客様が想定されます。そこで、相手もやはり紳士と淑女であり、それ相応の応対を受けるべき人たちということになります。

そして誰が来ても、お客様を紳士と淑女に定義するからには、その目線で見るということです。

お金持ちの方が来ても、紳士と淑女。

しかし、そうではなく、精一杯切り詰めて、やっとのところでリッツ・カールトンに一杯のコーヒーを飲みに来られるお客様でも、やはり紳士と淑女と見て、同じように接するということです。そうでなくてはいけません。

このいずれのミッション・ステートメントでも、顧客の経験に大きく影響するのではないでしょうか？

顧客になるだけで、ゲストになれるのです！　紳士と淑女になれるのです！　顧客になるだけで、自己価値・自己イメージが高まるのです。顧客になるだけで、人生が変わるのです!!!

あなたの会社のお客様になったら、私は何になれるでしょうか？　どういう扱いを受けることになるでしょうか？　私の人生がどのように変わるのでしょうか？

◆第3部：私たちはなぜ関係をもっているのか？

この3部作の最後の部分は、価値提供であり、そもそも私たちと顧客はいったい何の目的で関係を構築しているのか、ということです。

これは、まさに会社の存在意義の中核であり、一言でそのエッセンスを表現します。

ディズニーランドでは、それはエンターテインメント。何をしても、それはお客様にとって、エンターテインメントにならなければ、意味がありません。歩道の掃除をしている人も、エンターテインメント性がなければなりません。行列も、エンターテインメント性がなければなりません。食事も、エンターテインメント性がなければなりません。

ザ・リッツ・カールトンでは、それはサービス。どんなに素敵な部屋を用意しても、どんなに美味しい食事を提供していても、「サービス」が伴っていなければ、意味がないということです。

私は、以前、大阪のリッツ・カールトンで、創業者のホルスト・シュルツにお会いする機会がありました。会談する中で、彼は次のように言ってくれました。

「ジェームス、この街には、ほかにもホテルがあります。それらには、部屋があります。飲料があります。しかし、私たちはそういった商売を行っておりません。私たちが行っているのは、サービスビジネスです。それだけ単純で明快なことなのです」

それで、一代にして最強のブランドを構築し、マリオット氏がザ・リッツ・カールトン・ホテルの買収に乗り出したとき、スタッフに向けて、次のように命令したと言われています。

「いくらかかっても構いません。そのブランドを所有したいのです！」

お客様に対する価値提供をしっかり定義することに無限大の価値があるのです。

あなたの会社の価値提供のエッセンス・真髄は何なのでしょうか？　一語だけでまとめるとすれば、どんな言葉を用いるのでしょうか？

これで奇跡が起こる

こうしたミッションを確立し、毎日の業務の中心とし、従業員の教育と評価の土台に据え置くようにすれば、奇跡が起こります。従業員一人ひとりが創業者の心を汲み取り、経営者なみ、あるいはそれ以上の判断を、毎日の業務の中で自ら行うことができるようになるのです。つまり、究極のエンパワーメントができるというわけです！

自ら、この会社を守りたい。自ら、その精神に徹したい。意味と意義に燃えるのです。

すでにこの世にいない、TDLの仕掛人で友だちの堀貞一郎《ほりていいちろう》から聞いた話です。

「ある若い夫婦がいました。結婚したときから、子供と一緒にディズニーランドに行きたいという夢を抱いていました。やがて最初の子供が生まれました。しかし、とても悲しいことに、生まれた直後にその子供が亡くなってしまいました。さらに切ないことに、医師が言うには、もう子供を授かることができないということでした。

その赤ちゃんの1年後の命日に、このご夫婦は、その子供と一緒に遊ぶ気持ちで、ディズニーランドに行くことを決めました。当日にディズニーランドに出かけ、赤ちゃんが好きそうな乗り物に乗ったり、パレードを見たり、そして、昼食のとき、レストランに入り、自分たちの食事を注文し、子供のために、お子様ランチを注文しました。しかし、そこで問題が起こりました。そのお子様ランチというものは、12歳以下の子供が同伴しているときにだけ提供する決まりがあったのです。レストランのキャストが丁寧にお断りをすると、その若い夫婦は事情を説明しました。カウンターの女性はその話を聞いて、答えました。〝わかりました。それではご用意させていただきます〟。そして、食事を用意し、カウンターの向こうから表に出て来て、また夫婦に言いました。〝それでは、3名様をテーブルまでご案内いたします」

これが最強の経営なのです。愛なのです。客観性を超えて、主観性で行動するということです。

3点セットは偉大なり！

企業・会社・組織にミッション・ステートメントがあるのと同じように、商品やサービスの一つひとつにミッション・ステートメントがあるべきです。そして同じように、これには、3つのパーツがあるので、「3点セット」と呼んでいます。

政治の世界に喩えると、容易に理解できると思います。ですから、まずはこの喩えを使って説明し、それから、商品やサービスに置き換えたいと思います。

政界で成功するためには、3つのことが必要です。

◆1点目：有権者（彼らは誰か？）

最初に必要なものは何でしょうか？　それは有権者です、票なのです！

しかし、どの有権者でも良いというわけではありません。大きな不満を抱いている有権者でなければならないのです。何かしらの不満足を感じていなければ、今までの政治家・政党・政権に票を入れ続けるだけです。

これは、まさにドナルド・トランプが当選した理由なのです。

「今の社会が不公平だと感じているあなた！」

「ああ、私です！」。そう叫んだ人が何千万人もいたというわけです。

このように、不満足を感じている相手を探し出し、その人が、「ああ、私です！」と叫び出すようにすれば、つまり大成功の道が開かれたと言えます。

しかし、ほとんどの企業は、商品を作るとき、この作業を怠っています。それは、どんな方々のために作っているのでしょうか？　相手はいったい誰なのでしょうか？

「ターゲット」ではないのです。射殺する相手ではないから、こういう用語をやめましょう！　あなたの恋に落ちる相手なのです。

◆2点目：政策案（彼らは何を望んでいるのか？）

次に必要なものは、政策の要綱というものです。当選したら、どういう政策を導入するのか、これを有権者に示していくということです。

そして、誰がそれを書くのでしょうか？

政治家自ら？　ノー！　スタッフ？　ノー！　政党の事務局？　ノー！

まだそう答えているのなら、あなたは今までまったく人の話を聞いていないのではありませんか？

まだまだ、最強になれていないのです。

有権者自らに書いてもらうべきなのです!!!

有権者たちが望んでいる結果・アウトプット・状況を述べるのです。有権者自らの言葉で……

ドナルド・トランプはこれをする名人なのです。彼の政策に賛成するか、反対するかは別として、
彼はコミュニケーションの達人だと言わざるを得ません。

✓海外からの競争が入ってきて、自分の仕事をなくし、不公平だと思っているあなた。
「外国人から守ってあげましょう！」
✓ほんの一部の人たちだけが得する社会になっていて、自分たち夫婦が、それぞれふたつずつの仕事をやっていても家計が回らない。それが不公平だと思っているあなた。
「そんなやつらをやっつけてやろう！」
✓ワシントンDCにいるエリートたちが腐敗してしまい、国民のニーズをまったく考えてくれない。利権団体のことしか考えない。
「そんな腐敗をなくしてあげようじゃないか！」

これが政策案になったのです。

そして、ドナルド・トランプがそれをビジュアルで、感情的で、わかりやすい言葉で表現しました。

✓ Build the wall!（壁を作ろう！）
✓ Lock her up!（彼女を逮捕しよう！）
✓ Drain the swamp!（沼地から水を抜こう！）

これらはすべて比喩であり、最もストレートに人間の心に響くものです。

国境の壁を実際に作ることは、どうでもいいのです。外国の競争から守る壁を作ろうとしていることが肝心です。

ヒラリー・クリントンを実際に逮捕することは、どうでもいいのです。利権団体と戦っていればいいのです。

◆3点目：候補者（私たちは誰か？）

最後に必要になるものは、不満を抱く有権者のために、この政策案を導入してくれる候補者なのです。

そして、相手を理解しており、相手の望む結果を理解していれば、その候補者は誰でもいいのです。ドナルド・トランプのような欠陥人間でも、当選してしまうというわけです。

商品のミッション・ステートメント

同じことが私たちの商品一つひとつについて言えます。

ビジネスは、選挙と非常に似ています。同じように票を獲得しようとしているからです。選んでもらおうとしているのです。そして、ビジネスの世界では、票とは、「購買行為」であり、「お金」というものです。

その票をほかの商品ではなく、ほかの会社ではなく、自社に投票してほしいのです。

◆1点目：お客様は誰か？（有権者）

有権者、その票を投じることができる人というのは、「お客様」なのです。

そして、不満を抱いていなければ、既存の商品を買い続けて、自社の新しい商品やサービスに乗り換える理由はありません。

そのお客様を明確にし、「ああ、私のことだ！」と叫びたくなるまで表現方法を磨きましょう。

◆2点目：商品の購入によって得られる結果は何か？（政策案）

そのお客様の望んでいる「結果・アウトプット・状況」をお客様自らの言葉で表現しましょう。

◆3点目：そのお客様のために、その結果を出してくれる商品とは何か？（候補者）

そして、そのお客様のためにその結果を提供してくれる商品やサービスを簡単に紹介しましょう。

この順番が大切です。相手を定義することが大事です。その方々のニーズが大事です。商品そのものは、大切ではないのです。

しかし、ほとんどの会社が真逆のことをするのです。商品紹介ばかりやっているのです。

だからこそヒラリー・クリントンは選挙に負けてしまったのです。ヒラリーがどういう資格・経歴・キャリアをもっているのかばかり紹介し、結局どういう人たちのために戦い、どういう政策を導入しようとしているのか、最後まで誰にもわかりませんでした。

そして、最後は、この3点セットをイメージとして、ビジュアルで表現していきましょう。

1．不満足を抱いているお客様を表現します。「ああ、私だ！」と叫んでもらう。

2.そのお客様が望んでいる結果・アウトプット・状態をお客様の言葉で表現します。「ああ、それが欲しい！」と叫んでもらう。
3.そのお客様のために、その結果を出してくれる商品・サービス・会社を簡単に紹介します。「ああ、お願いします！」と叫んでもらう。

「3点セット」のすべてをFacebook広告くらいの面積で表現できないといけません。これにご注意ください。それ以上の面積を必要とするなら、まだまだできていないと思った方が良いのです。

これはすべて、実際に商品を作り始める前に行う作業なのです。

次のページに示す絵は、15分ほどの時間をかけて、簡単に作成してみた3点セットの例。あなたの会社や商品の目的をこれくらい明確に述べられているのでしょうか？

多くのCEOの方々に、この3点セットを作ってまいりました。そして、その経営者たちは、実際に自分の会社、自分の商品の3点セットが出来上がったときに叫び出すのです。「3点セットは偉大なり！」と。

なぜそうなるのでしょうか？

初めて自分の事業内容が明確になるからです。お客様の顔がよく見えます。そして、事業・商品・

※写真提供／CHOReograPH／Bigstock

サービスをお客様と従業員、取引先に対して、簡単に説明できるようになるのです!!!

これ以上の経費と時間節約になる道具はほかにないでしょう。

あなたの主力商品の3点セットを、早速作ってみましょう！

＊ジェームスがセミナー会場で、経営者のために3点セットを作成する場面を見てみましょう。

WWW.TWG.CEO

お客様と恋に落ちれば、無敵！

私は金融界にも入っており、企業の買収・合併などの仕事にも携わっています。その中で、いつも思うことがあります。

「永続できる成功の要件は何か？」ということです。

現代の高度情報化社会・高度技術社会において、商品やサービスは簡単に真似られます。同じ仕様のもの、今の最高商品を超える仕様のものは、いずれ出てきます。施設や設備も、同じものを購入したり、構築したりすることができます。同じだけの資本力、あるいはそれ以上の資本力をもっている企業も参入してきます。真似できないものは、いったいなんなのでしょうか？

それは、愛なのです。顧客と恋に落ちることです。ほかのどこの会社よりも、顧客の良き理解者になるということです。

物やサービスを簡単に真似ることができても、ここだけは難しい。ですから、本当にお客様を理解し、自社の商品ではなく、お客様と恋に落ちている経営者を見つけたとき、その人の会社に投資したくなるのです。

顧客満足の5段階：顧客満足から世界観の提供へ

顧客を満足させ、彼らを喜ばせ、そうすることで世界を変えていくことは、会社の存在の意味・意義なのです。従って、どのレベルでそれができるのかが、成功の鍵を握っていると言えます。

そのため、本書の冒頭でも述べたように、自分の怠け癖・臆病・勉強不足、自己価値の低さ、邪悪な心、基準の低さ、及び自己制限を乗り越えていく必要があります。今一度、経営とは、小ざかしいテクニックではなく、自分の全人格を問われる道だということを思い出しましょう。

そして、ＣＥＯの自分が成長するにつれて、さらに高いレベルの顧客満足を目指すことができるようになることでしょう。

普通の企業は、顧客のニーズを満たそうとします。しかし、普通はウザいのです。目指すものは、最強でなければならないのです。

1．ニーズを満たす

お客様のニーズ・要望に応えることは、会社経営における最も低い基準と言えましょう。求められている物を届けるのです。言われていることをやっているだけです。

しかし、それだけでは、客観性の世界を乗り越えられないでしょうし、自分の英雄としての物語を歩むことにはならないのではないでしょうか？

より高い次元に入っていくためには、科学・工学・数学・ロジックを超えて、宗教・神話・芸術・感情の世界に入っていかなければなりません。

2. 気持ちを変える

お客様は物が欲しいのではありません。感情の変化が欲しいのです。

お菓子を買いたいのではありません。美味しいという気持ちを買いたいのです。

南の島のリゾートの部屋を望んでいるのではありません。リラックスした、優雅な気持ちを望んでいるのです。

高級車が欲しいのではありません。ステータスを味わいたいのです。モテたいのです。スリルとスピードを体感したいのです。

しかし、ほとんどの企業は、お客様にどういう気持ちを提供するのかを明確にしたことすらないのです。

ですから、商品提供に成功しても、お客様の望んでいる感情の変化を届けることに失敗してしまうのです。

あなたの会社は、お客様にどういう気持ちを届けてあげるのでしょうか？　具体的に……　ピンポインドで……　お客様に届ける最も大切な気持ちの変化とは、何でしょうか？

そして、どうすれば、より高度なレベルで、より確実にその気持ちを感じてもらえるのでしょうか？

例えば、顧客がスピード感を味わいたいのなら、スポーツカーを売るだけでなく、レース場で走るイベントなども提供するのは、いかがでしょうか？　ステータスを味わってほしいのなら、スポーツカーを限定販売にするだけでなく、オーナーズ会を作り、特別なイベントを用意することは、車そのもの以上に意味があるのかもしれません。

3. 思い出を作る

感情変化くらいのところまでは、理解している経営者を見受けることがあります。しかし、さらに高いレベルはまだまだあるのです。

そのひとつは、思い出を作ることです。

人生とは、思い出作りのプロセスなのです。そして、思い出作りをしてあげることにより、そのお客様の人生の一部になれるのです！

あなたの人生の思い出を振り返り、リストアップしてみてください。実際に紙とペンを取り出し、あるいはパソコンや携帯電話のメモ帳に書き留めてみましょう。

何かしらの会社・商品・サービスと関わっている思い出は、どのくらいあるでしょうか？　かなりの割合は、企業の力を借りて、できた思い出になっているのではないでしょうか？　物の提供から感情の変化へ、そこから思い出のレベルにもっていくために、どういう努力が必要なのでしょうか？　どうすれば、商品提供で終わらずに、お客様の思い出の中に生きることができるようになるのでしょうか？

私の友人で伝説のレストランを経営している方がいます。彼は、毎朝店長に電話を入れて、ひとつの質問をします。

「昨晩、お客様は何人泣きましたか？」

食事の席で泣くくらいなら、きっと思い出になっているに違いありません。

私は13年間にわたり、養護施設で暮らしている子供たちをクリスマスの時期に東京ディズニーランドに連れていくチャリティーイベントを開催しています。

私のママはこういう社会貢献活動が大好きです。そしてある年、実家の街に住むお婆様たちをとりまとめて、子供３００人分の手袋を編み、また一人ひとりのために手作りのクマのぬいぐるみを作りました。そして、子供たちに直接プレゼントするために来日しました。

会場で、子供たちに手渡して、みんなに喜んでもらい、その翌日、ママに美味しい物を食べてもらおうと思い、その友人が経営するレストランに連れて行きました。テーブルに座るとすぐ、ママが不思議な顔になりました。テーブルの上にぬいぐるみのクマが置いてあるではありませんか！　ママがそれを手に取り、じっと眺めました。

「ジェームス、これはうちらのグループが作ったクマですよ」

そして、目の近くまで運び、縫《ぬ》い目を凝視しました。

「ジェームス、これは私が縫ったものですよ」

一生涯、忘れることはありません。今でも、どのようにしてそれを手配したか、私にとって謎なのです。

あなたは、お客様のためにどのような思い出を作ってあげるのでしょうか？　従業員のためには、どうでしょうか？　入社式はどうしていますか？　昇進のときは？　退職のときは？　まだまだ創意工夫が足りないのではないのでしょうか？

株主のためにはどうでしょうか？　ウォーレン・バフェットの率いる株主総会に出て、それを人生の思い出にしたいがためにだけ、バークシャー・ハサウェイの株式を買う人は少なくありません。

4. 人生のストーリーの一章を書く

次のレベルは、ストーリーなのです。

あなたの人生は単なるストーリーとなります。会社もストーリーです。商品もストーリーです。フェラーリは、自動車ではないのです。ストーリーなのです。それは、女性にモテる、ステータスが得られる、成功する人生物語のストーリーなのです。そして、車はそのストーリーに乗り入れるための必須アイテムにすぎないのです。

あなたの会社で販売している商品は、どういうストーリーに入るための必須アイテムなのでしょうか？　そして、どうしたらそれをもっと魅力的なストーリーにできるでしょうか？

5. 新しい世界観を提供する

顧客満足の最高レベルは、新しい世界観を提供することです。私は、このレベルを「Welcome to my world＝私の世界へようこそ！」という言葉で表現しています。最強の経営が相手の意識を変え、まったく新しい世界へと誘《いざな》うものです。

・レディー・ガガのコンサートは、ファンたちにまったく新しい世界観を提供してくれます。

Welcome to my world.

・ディズニーランドは、来園者にまったく新しい世界観を提供してくれます。

Welcome to my world.
・アップルの商品は、私たちにまったく新しい世界観を示してくれています。
Welcome to my world.
あなたの世界観は何でしょうか？　どういう世界へと、お客様、従業員、周りの人々を誘っていくのでしょうか？　新しい世界観だと呼ばれるためには、何を変えていく必要があるのでしょうか？

ＡＩ（人工知能）では真似できない価値提供とは？

これこそが、ＡＩ（人工知能）で真似することのできない価値提供であり、どうしても人間の思考を必要とするものです。気持ちの変化、思い出、ストーリー、世界観は、予測できない世界のことであり、主観の世界だからなのです。

ＡＩやロボットは、すでに作られた世界観の中で優秀に作業をこなし、人手を省き、様々な予測をより正確に行い、効率を上げていく。しかし、そもそも本当にニーズが満たされたのか、そもそもどういう感情・思い出・ストーリー・世界観が望ましいのか、こういった問題になると、ＡＩは無力そのもの。これらは、私たちのセンス・感性・心・愛を必要とするものです。そして、最強のＣＥＯたちの生きる道になるのです。

あなたの声は世界に聞こえるのか？

最後になりますが、あなたの声について、触れてみたい。

本書は、大親友のエドウィン・コパードに捧げています。彼は、音楽家であり、音楽プロデューサーであり、しかし、それ以上の存在だったのです。彼は、「声」を発見させる名人だったのです。そして、「声」を通して、その人の人生を変えていくのです。

人類の歴史というものは、突き詰めて言うならば、それは人類がリーダーの「声」に反応してきた歴史でしかないのです。これほど明確なことはないのでしょう。

しかし、リーダーシップ教育で、この「声」を取り上げるものは皆無なのです。教えている人たちも、それを理解されておられないからです。おかしなことなのではないでしょうか？

あなたの、世界に伝えていくメッセージは何なのでしょうか？

史上最強の経営者を目指すものなら、伝えるメッセージがあるはずです。そして、このメッセージがあなたの経営のあり方にも、商品にも、サービスにも、従業員に対する接し方にも、あなたの人格にも、声そのものの振動にも、その周波数にも影響を及ぼすはずなのです。

あなたのメッセージは何なのでしょうか？　そして、どのようにして、これからの経営を通して、これからの商品を通して、これからの人生を通して、それを世界に伝えていくのでしょうか？

それができれば、あなたは史上最強のＣＥＯとなり、世界を変えるに違いありません。

世界に変化を望むのであれば……

あなたの声を世界に届ける最も強力な方法は何でしょうか？


インドで、ある母親は心を痛めていました。息子さんが極端に太っているからでした。砂糖を食べすぎて、肥満になり、糖尿病の兆候が見えます。しかし、母親の言うことをまったく聞こうともしないし、その悪癖《あくへき》を直す気配がありません。

そこで、その母親が、息子をガンジーのところに連れて行くことにしました。ガンジーほどの偉人が諭《さと》してくれれば、彼は聞いてくれるだろうと。

列車に乗り、長旅の末、ガンジーにやっと会えました。ガンジーは、気長に話を聞き、最後にこう言いました。

「来週また連れて来なさい」

「ええ、どうして？　一言〝砂糖をやめなさい〟と、そう言ってくれれば、それで良いのですよ」

「いや、来週連れて来なさい」

がっかりしました。長旅だし、また来るのは大変です。

しかし、この頑固な年寄りは、そのスタンスを崩しそうにないので、列車で帰郷しました。そして、1週間後にまた坊やをガンジーのところに連れて行きました。

すると、ガンジーは、ためらうことなく、こう言いました。

「坊や、砂糖は身体に良くないから、止めなさい」

それを聞いた母親は驚きました。いや、怒ったと言った方が良いでしょう。そして、次のように抗議しました。

「それだけ？　それを言うだけなら、先週言ってくれても良かったじゃありませんか！」

ガンジーは、答えました。

「先週、私も砂糖を食べていました」

世界に変化を望むのであれば、私たち自らがその変化にならなければならないのです。

第5部

あなたの次のステップ

CEOの改革がここから始まる！

ここまで本書を読んできて、たくさんのことを学んだことでしょう。それではいったい、どこから着手すれば良いのでしょうか？

まず、自分自身を変えることです！　あなたが変わらないことには、会社は変わらないのです。そして、会社はあなたの自己イメージを超えて成長することはないのです。

怠け癖を取っ払い、臆病者をやめて、基準の高い仲間を自分の周りに集めて、そして、この奥深い経営の道を真剣に勉強し、成功のレシピを学びましょう。今まで住んでいた洞穴から出てきて、英雄の冒険に出かけましょう！

それができれば、あとは「4つの原則」を実施するだけで良いのです。

◆原則1：リーダーシップ（信頼を作る）

まずは、職場において、「リーダーシップの5つの質問」を問い始めて、自分の意思決定のスピードを上げましょう。従業員がリーダーのあなたを待っているのです。そして、従業員に必要な道具・資源・職場の環境を用意してあげるように努力しましょう。

また、自分の力に依存せず、とことん他人の力を頼り、「無能は超能力」を実施しましょう。

◆原則2：イノベーション（顧客を満足させる）

不満足の目で世界を見渡し、常にあるべき姿について考えるようにしましょう。いくらでも、ビジネスチャンスと新商品のアイディアが浮かんでくるはずです。そして、新しい競合の軸をひとつでも確立していきましょう。商品以外で、イノベーションできる事業の「パーツ」をひとつでも探しましょう。新しい考えを導入すると、社内の抵抗は出ますが、それを乗り越えなければなりません。優雅に……

◆原則3：利益性（慢性的黒字を確立させる）

自社の商売の領域を十分に狭い範囲に絞り、世界1位を目指しましょう。様々な能力を社内で育成するより、自分たちが世界クラス・オリンピックのレベルでできることのみに集中し、それ以外の能力は戦略的コラボや外注で確保しておきましょう。

そして、とにかく「固定費」を追放し、「固定売上」の確立に励みましょう。定期課金などのモデルを導入し、そして顧客の生涯価値を見返し、新規顧客の開拓に積極的に投資するようにしましょう。

◆原則4：目的（世界を変える）

「客観性」と「主観性」をバランスさせましょう。

自分の経営に宗教・神話・芸術・感情の要素をひとつでも取り入れるようにしましょう。100年後を見据えて、会社の「ミッション・ステートメント」を作成し、それぞれの商品の「3点セット」を作成しましょう。

そして、何よりも、世界に対する自分のメッセージを明確にし、それを真剣に経営を通して、言葉を通して、自分の生き方を通して発信し始めましょう！

新しい世界観を世の中に生み出すに違いありません……

作業量の時代は終わった、思考の質ですべてが決まる……

このように見ていくと、やることがいっぱいだと感じるに違いありません。

しかし、そこで戒《いまし》めておきたい。作業量で稼ぐ時代はもう終わったのです。今は発想の質、思考の質で勝負する時代なのです。

78億人のお客様、88兆ドルの経済、低金利、インターネットの発信ツール、こういう時代では、発想の質が良ければ、いくらでも稼げるのではありませんか⁉

自分の発想を改善するためには、どんな工夫でもするということです。

私の指導するビリオネア塾では、四半期毎に海外の一流リゾートで合宿し、エネルギーの高い環境の中で、素晴らしい仲間たちに囲まれながら、次の３ヶ月の事業計画を立てるようにしています。その価値は、筆舌《ひつぜつ》に尽くしがたい。

社内の会議室という雑音の多い環境の中では、決して得られないような発想が生まれます。一気に事業が加速するのです。１年間で、売上10倍の経営者も続出するのです！

自分のリーダーシップ・イノベーション・売上を倍増させる戦略・定期課金モデル・新しい3点セット・ビジョンなどが、毎日のように芽生えてくるのです。

より少ないことをするという生き方

作業量で稼ぐ時代は終わっていますから、作業量を早速減らしましょう。

そこで、あなたに対して、刺激的な質問をふたつぶつけておきたい。このふたつは、私の指導する経営者全員に対して、３ヶ月に一度投げかけている質問の中から抜粋したものです。

90日間、あなたが会社を不在にするためには、何を設定・設置・用意する必要があるでしょうか？

あなたは、いつまでもいるわけではありません。エンパワーメントが進まないといけません。システムが確立されないといけません。ノウハウが他人に行き渡らないといけません。

実際に、90日間会社から休みをとる日程を決めて、それに向けて、真の経営を実施し始めましょう。

本当の経営とは、あなたが会社にとって、なくてはならない存在になることではありません。あなたが会社にいなくてもいい存在になるということです。

次の質問は、「毎週2～4時間しか働けないのなら、何をしますか？」という問いかけです。CEOとして、本当に大切なことは何か？　最も大きなテコ効果・レバレッジを生み出す活動は何か？　この質問をすることで、あなたは、レーザーのように一点集中することができます。

こういうことを考えるようにすれば、自ずとスターリクルーティング・戦略的事業提携・大口取引・ブランド確立・会社のシステム化・メガヒットになる商品やサービスの開発・地面が揺れるようなイノベーション・会社の買収・上場など、本当に業績を激変させるものに集中するようになります。そして、従業員の時間を無駄にするようなくだらない会議はたちまちその姿を消すことでしょう。これらの活動を、「ビリオネアステップ」と呼んでおり、1000億円企業を作り上げるCEOたちの毎日の焦点なのです。

これで最も大胆な人生と言えるだろうか？

そして、毎日考えていただきたい。

「これが私の送ることができる最も大胆な人生と言えるでしょうか？」

会社を作ると同時に、人生も作っているのです。

大胆に挑戦し、毎日・毎週自分の安心領域の外に行き、捨て身の覚悟で生きてほしい。

そうすれば、あなたは史上最強のＣＥＯとなり、世界を変え、死ぬときになって、「俺は生きたのだ！どうだ！」と叫び、そして１００年後になっても、誰もあなたの名前を忘れていないに違いありません。

第6部

愛だよ！

全人類の父母

会社の経営において、利益は必要ですが、利益を計上するだけでは不十分です。なぜなら、利益だけに集中すると株主という、たったひとつの利害関係者の幸せを考え、ほかの利害関係者のニーズを無視するからです。

現代の経営を語るなら、これでは不十分なのです。経営は３６０度、すべての利害関係者のニーズを見つめるものでなければならないのです。

競争・競合は、なぜ間違ったパラダイムと言えるのでしょうか？　それは、他人の不幸せ・他人の失敗を望むものになってしまうからです。そして、それこそが「悪」の定義なのです。

資本主義が批判され、「悪」の制度と呼ばれるのは、労働者・競合他社・環境などのニーズを無視し、それらを不幸せにさせるときです。そして、それが悪なのです。

「善」とは、他者の幸せを望み、それに貢献することです。「偉大さ」とは、生きる者すべての幸せを望み、それに貢献することなのです。

ここで、衝撃的なことを考えていただきたい。

ある日、自然界の残りの生物がすべて突然に姿を消してしまったら、人間はどう思うのでしょうか？ あなた自身はどう思うのでしょうか？

生きていけません。食べ物がありません。酸素が徐々になくなっていきます。鳥のさえずりもありません。美しい花もありません。心を癒す緑はどこにもないのです。

そうなったら、人間は一斉にして、どんな叫び声を上げるのでしょうか？ 実際に、大声で、ここで叫んでほしい。真剣に言っているのです。

そのときの気持ちに成り切ってみて、一回大声で叫んでみましょう。

「ノーーーー!!!!!!!!」

次に考えましょう。突然に、自然界の残りの生物のすべてを残して、この世界から人間全員だけが姿を消したとしましょう。突然、人間だけが地球からいなくなります。

そうとなったら、残りの生物のすべてが声を揃えて、何と叫ぶのでしょうか？ よくよく考えてみてください。熱帯雨林も、海に棲む魚も、ジャングルに棲む野獣も、昆虫も、家畜も、みんな何と声を上げて叫ぶでしょうか？

「イエーーース!!!!!!!!」

これであってはいけません。そして、これがすべて間違った経営の結果なのではないでしょうか？

自分の心を開いてみてください。そこに自分自身を受け入れるスペースがあるでしょうか？　自己価値を感じることができるでしょうか？　自分の人生は、素晴らしいものであり、計り知れない価値のあるものだと、その心の中に感じることができるでしょうか？

きっとそのくらいのスペースはあなたの心の中にあることでしょう。今までのすべてを許し、自分自身を受け入れるほどのスペース。

しかし、それ以上のスペースがあるに違いありません。そこに自分の家族を受け入れることができるでしょうか？　愛する伴侶・子供・両親・兄弟姉妹を自分の心の中に入れてみてください。入れてあげるスペースがあるでしょうか？　経営をする中で、彼らを忘れてはいけないのです。

あなたの心の中にそのスペースがあるはずです。いや、それ以上のスペースはまだまだあるはずです。

従業員の一人ひとりを心の中に入れてみてください。心をさらに広げ、彼らのための場所を用意しましょう。彼らの顔を一人ひとり思い浮かべながら、彼らの毎日の努力に感謝をしながら、心の中に歓迎しましょう。

次はお客様。彼らも入る余地があるでしょうか？　私たちに仕事を与え、生活の糧を与えてくれている大切な人たちなのではないでしょうか？　心の中に彼らの住む場所を確保しておきましょう。しかし、それでもあなたの心は広くなり続けるのではないでしょうか？　まだスペースがあるのではないでしょうか？

仕入先・株主・融資先・規制当局・税務署・自分の会社を取り巻くすべての利害関係者を心の中に入れるスペースがあるでしょうか？　彼らを愛することができるでしょうか？

あなたの心は、そんな狭いものではないはずです。もっともっとスペースがあるはずです。

競合相手はどうでしょうか？　彼らも入れるスペースがあるでしょうか？　クレームをぶつける顧客は？　問題を起こしている社員は？　自分が苦手だと思っている相手は？　格好良くない人は？　美しくない人は？　自分と違う人種の人は？　ほかの国の人は？　自分と違う宗教をもつ人は？　自分と違う考え方をもつ人間は？

さらにスペースを空けて、全人類を自分の心の中に迎え入れてください。

しかし、人間だけでしょうか？　そうでない。

植物も入れておきましょう。美しい花も、木も、草も、雑草も……

動物も歓迎しましょう。可愛い犬も、猫も……　海の魚も、空の鳥も……　可愛くないと思う動物も……　昆虫も……　バクテリアも……

ありとあらゆる生き物を愛する心をもちましょう。彼らを自分の心の中に入れましょう。自分自身

※この瞑想のインスピレーションについて、サドゥグルに感謝します。

を全生物の父親として（あなたが男性であっても、女性であっても）これらを見守ってみてください。全生物の母親として（あなたが男性であっても、女性であっても）、母親の限りのない愛情をもって、彼らを見て、愛しましょう。

全生物が幸せになれる世界を想像してみましょう。心の中にその世界を作ってみましょう。そして、この気持ちを自分の経営の土台としましょう。

師匠との出会い

昔の人は、よくよく理解し、現代人が忘れてしまっていることがあります。それは、自分の人生を最高の形にするためには、師匠が必要だということです。そして、ここで私の人生において、師匠になってくださった4人に感謝をしたい。

藤平先生、スティーブン、エドウィン、そして、サドゥグル、本当にありがとう!!! あなたたちがいなければ、今の私はいないのです。そして、あなたたちのおかげで、世界に貢献する機会を得ているのです。

人生を変えるのは、本だけでは、不十分なのです。師匠からのエネルギーの伝授があってこそ、人生が大きく変化し、大物になっていけるのです。

ですから、本書を閉幕させるにあたり、強くお勧めをしてあげたい。必ず自分の人生の師匠を探すということです。自分の経営の師匠を探すということです。

私は、多くの方々のためにこの役割を引き受けています。そして、本書を読むことを通して、「ああ、この人だ！」と、そう感じたのなら、あなたのためにも、喜んでその役割を引き受けて、一生続く関係を構築していきたい。

しかし、たとえそれが私でなくても、必ず探すようにお願いしておきたい。必要なものです。どうしても。エネルギーであなたの世界を揺るがすような師匠がいないと、あなたの人生は、最強の形にはならないのです。

最後に

本書を最後まで読んでいただき、誠にありがとうございました。あなたが読んでくれるからこそ、書く甲斐があったというものです。心から感謝します。

ここで、私からの最後のメッセージになります。「私はどうなる？」これを忘れてください。

これさえできれば、あなたは無限になります。「私はどうなる?」と思っていれば、天地宇宙の中心に立ち、エネルギーのベクトルが自分の方向に向かい、日に日に狭い世界になり、有限なのです。ベクトルが内に向かい、毎日小さくなっていくだけです。

しかし、外に目を向けていけば、「他」を考え始めれば、ベクトルは外に向かい、一瞬にして無限になるのです。

この無限の経済の中にあって、自分のニーズを満たすのは、さしたる苦労ではないはずです。そんな狭い、限られた世界を考えるのは、もうやめましょう。そうではなくて、他人のニーズを考え、それに集中し、「最強のCEO」として、無限の世界を作っていこうではありませんか⁉

より良い世界の可能性を信じましょう。そして、どういう状況におかれても正しいことを選びましょう。

無限の愛と光を込めて

ジェームス・スキナー

追伸

ジェームスの近くに生きる

ビリオネア塾という最強のステータス

あなたは怠け者でしょうか？　臆病者でしょうか？　勉強不足でしょうか？　周りにいる仲間は大成功を収めているハイパフォーマンスピープルでしょうか？　それとも、そんなに基準の高くない人たちばかりでしょうか？　若いときからのトラウマなどで、低い自己イメージをもっていないでしょうか？　自力に頼りすぎて、自己制限の枠・安心領域の中に閉じこもっていないでしょうか？

そんな状態にもう飽きて、そろそろ最強に生きたいと思っているでしょうか？　決断の瞬間において人生が決まるのです。

無限の領域にいきますか？　それとも、今のままのあなたで終わってしまうのでしょうか？　あなたの人生とあなたの会社には、どのくらいの価値があるのでしょうか？　それが問われているのです。

その次のレベルへと進んでいきたい、あなたのような人たちのための場所があります。

それは、最強に生きたいと決意している経営者たちだけが集合する、とても居心地の良い場所であると同時に、安心領域の外に出て、より高い基準で生きることが常に要求される場所でもあるのです。できていないときに、叱られる場所であり、あなたが最も早く成長できる場所でもあるのです。

それはジェームスが直接あなたを指導し、最強の仲間と一生涯続く素晴らしい関係を構築していく「**ビリオネア塾®**」。

これはまさに、日本における最強のＣＥＯ教育と言えるでしょう。

実際にそこに集う経営者たちの声をいくつか聞かせて差し上げましょう。

・最終的に売上2億円くらいでいいのかなと思っていましたが、気がついたら、売上３００億円のビジョンが描けて、上場を決意し、それに向けて作業中です。そして、次から次へと巨大上場企業の顧客を獲得しています。

・ここの仲間は素晴らしい。一生涯の財産だと思っています。とにかくこんなにオープンに、お互いを支援し合う姿は、ほかの経営者の集まりでは見たことがありません。

・システム開発を細々やっている零細企業だったのですが、今では、日本のＡＩ（人工知能）業界を激変させるプロジェクトを手がけています。

・たったの1年間で売上が10倍になりました。

・こんな世界はあり得ない！　ジェームスと一緒にプライベートジェットに乗ったり、Ｆ１を観戦したり、モナコの夏の舞踏会に行ったり、信じられないほど楽しいです。

・私は、京都で小さな自動車整備工場（従業員2名）を経営していますが、３ヶ月間で言われた通りにしただけで、時価総額15億円の会社を作りました。
・ジェームスの家にも泊めてもらえて、びっくりです！
・創業以来の最大の受注が、一回の売り込みで確定しました。
・本当の一流とは何か、それを直接見せてもらっています。
・中小企業のメーカーですが、最初の指導で、まったく新しい夢・当社の技術を利用する道が見えて、今世界のエネルギー革命の事業に乗り出しています。
・ここまで見せていただけることは、愛以外の何物でもありません。
・1億円以上の不動産をタダで手に入れることができました。無限の世界がたまりません。
・素直に教わったことをやっていたら、自分の作った会社が今期年商20億円を達成しました。
・一回の商談だけで８０００万円のスポンサーを獲得できました。
・10年ほど前から、証券会社から「上場されたらどうですか？」という話は来ていますが、臆病で、踏み切れないままに過ごしていました。しかし、ビリオネア塾に入って、一回の相談で、決断ができて、今着実にその準備が進んでいます。
・出版社を買収しようと考えていたのですが、ジェームスの指導でその会社をゼロ円で譲ってもらうことができました。
・世界は我々の遊び場なり。海外合宿はとにかくすごい。ジェームスとダイビングをしたり、プールで泳いだり、ヨガを教えてもらったり、乗馬したり……そして、その中で、確実に新しい経営のアイディアが生まれ、自分の事業が生まれ変わるのです。
こうした声の数々をリストアップし始めれば、切りがありません。

あなたは、このようなコミュニティに参加するだけの価値があるでしょうか？　その夢を描くことができるでしょうか？　そういう仲間とそういう環境、そういう刺激を必要としているでしょうか？
あなたの会社はこのような突破口を必要としているでしょうか？

この最強のコミュニティであるビリオネア塾では、年間数十日間直接ジェームスと一緒に過ごし、直接の指導を受け合宿もし、フィードバックと叱りを受けて、人生とビジネスを変えていきます。

＊まずは、あなたにビリオネアになる素質があるかどうか、オンラインで診断しましょう！

WWW.TWG.CEO

これから起業するあなたのために……

これから起業したいと考えているあなた。そんなあなたも、ジェームスが最強の道へと導いてくれます。

それが可能になる場所とは、ジェームス・スキナーの「起業塾™」。

この起業塾では、起業家としての資質を改善していきながら、成功する起業に向けてどういうことが必要なのかを学び、実施し、自分のビジネスを立ち上げていきます。

専用の企業関連の映像コンテンツで勉強し、そして、毎月オンラインまたは直接ジェームスと会い、経営に関する質問をし、指導を受けられるチャンスもあります。と同時に、ビリオネア塾の諸先輩の方とも交流がもてるという、信じられないほどの価値があるものになっています。

このコミュニティは超人気で、現在次から次へと新しい社長を生み出しています。

起業を考えるなら、願ってもない環境なのです。

＊まずは、あなたに起業する素質があるかどうかをオンラインで診断しましょう！

WWW.TWG.CEO

史上最強のCEOライブセミナー

今回の本の出版を記念して、ジェームスが日本の各地で、経営者及び起業を考えている読者向けに史上最強のCEOライブセミナーを開催しています!!!　セミナー業を現在一切行わないことにしているジェームス本人に会えるまたとないチャンス。

*すぐに、開催のスケジュールを確認して、ジェームスに会ってみましょう。

WWW.TWG.CEO

*追加の日程もあるので、定期的にチェックしましょう。

メディア出演

ジェームスの人生の目的は、「世界により良い生き方を教えることである」。

それに対して、決意し、人生をそれに捧げています。

その一環として、ＴＶ出演・ラジオ出演・新聞や雑誌のインタビュー・連載記事の執筆などの依頼を引き受けています。幸福を感じさせてくれる、楽しい、面白い、コメントが鋭い、そういう出演者をお探しならば、ジェームスがピッタリでしょう。

（ジェームスは、日本語と英語を完璧に話します）

WWW.TWG.CEO

講演会

また、取締役会での講話、全社ミーティングでの講演、学校などでのスピーチ、スポーツチームの指導、寺院での法話、その他の講演会活動を積極的に行っています。決して、ほかでは真似できないエネルギー・洞察力・視点の鋭さで、ほかのスピーカーとは比較にならないものをあなたのイベントに与えることでしょう。

（ジェームスは、日本語と英語を完璧に話します）

＊ぜひ一度ご相談ください。

WWW.TWG.CEO

史上最強のCEO

2019年12月25日　初版第１刷発行

著者　ジェームス・スキナー
発行者　津嶋 栄
発行　株式会社フローラル出版
〒163-0649
東京都新宿区西新宿1-25-1
新宿センタービル49階 +OURS room03
TEL：03-4546-1633（代表）
TEL：03-6709-8382（注文窓口）
注文用FAX：03-6709-8873
メールアドレス：order@floralpublish.com

デザイン協力／ピースデザインスタジオ
DTP／株式会社三協美術
編集協力／芳賀みみ（株式会社J-NEXT）
株式会社日本経営センター
出版マーケティング／株式会社BRC
写真提供／CHOReograPH／Bigstock

印刷所　株式会社光邦

定価はカバーに表示してあります。

Printed in Japan
ISBN 978-4-910017-03-7　C2034